혁신과
창의성

혁신과 창의성

발행일   2020년 8월 7일

지은이   오세열
펴낸이   손형국
펴낸곳   (주)북랩
편집인   선일영   편집   윤성아, 최승헌, 최예은, 이예지
디자인   이현수, 한수희, 김민하, 김윤주, 허지혜   제작   박기성, 황동현, 구성우, 권태련
마케팅   김회란, 박진관, 장은별
출판등록   2004. 12. 1(제2012-000051호)
주소   서울특별시 금천구 가산디지털 1로 168, 우림라이온스밸리 B동 B113~114호, C동 B101호
홈페이지   www.book.co.kr
전화번호   (02)2026-5777   팩스   (02)2026-5747

ISBN   979-11-6539-332-8 03320 (종이책)   979-11-6539-333-5 05320 (전자책)

이 도서의 국립중앙도서관 출판예정도서목록(CIP)은 서지정보유통지원시스템 홈페이지(http://seoji.nl.go.kr)와
국가자료공동목록시스템(http://www.nl.go.kr/kolisnet)에서 이용하실 수 있습니다.
(CIP제어번호: 2020032021)

(주)북랩 성공출판의 파트너

북랩 홈페이지와 패밀리 사이트에서 다양한 출판 솔루션을 만나 보세요!

홈페이지 book.co.kr   •   **블로그** blog.naver.com/essaybook   •   **출판문의** book@book.co.kr

창의적 아이디어는 어디에서 오는가

혁신과
창의성

오세열 지음

북랩 book Lab

ㅡ 서문

자동차 백미러에는 '사물이 실제 보이는 것보다 가까이 있음'이란 문구가 있다. 마찬가지로 제4차 산업혁명은 실제보다 훨씬 더 가까이 우리 앞에 전개되고 있다. 혁신적인 기술 발전의 결과 우리는 일상생활에서 과거 어느 때보다 편리함과 윤택함을 즐기게 되었다.

유전학 교수인 에릭 토폴은 "당신이 태어나기 전부터 무덤에 들어갈 때까지 모든 데이터가 개인 컴퓨터 저장소에 축적되어 질병이 생기기도 전에 예방하게 될 것이다"라고 예측했다. 집밖에서 집 안의 냉난방기를 조절할 뿐 아니라 컴퓨터의 카메라를 통해 집 안의 영상을 볼 수 있는 시대가 되었다. CCTV, 온도 센서, 빛 센서, 진동 센서 등으로 교통 통제, 범죄 예방, 천재지변 등에 대한 효율적인 대처가 가능하다.

항공 산업에서는 연료를 절약하고 탄소발자국(carbon footprint)을 줄이기 위해 금속을 탄소섬유 합성 소재로 대체함으로써 무게를 줄이게 되었다. 그 결과 강철보다 60%나 가볍지만 여섯 배 더 단단한 합성 소재를 개발하게 되었다. 이러한 신소재 덕분에 알루미늄 구조물을 사용하는 산업 분야에서 무게를 평균적으로 20% 줄이게 되었다. 특히 합성 소재가 50% 이상 사용된 항공기 무게를 크게 줄이게 되었다. 그밖에 컴퓨터, 스마트폰, 태블릿, 노트북 등의 분야에서는 '무게는 줄이고 기능은 늘리자'는 캐치프레이즈가 트렌드로 자리 잡고 있다. 인체 내에 모래알만 한 모바일 폰을 삽입하여 혈액 속 산소량과 칼로리 소모량을 측정하고 옷과 신발, 모자, 양말에 부착된 센서가 우리의 건강을 지켜주고 있다.

이러한 일상적인 삶의 모든 면에서 경쟁적으로 일어나고 있는 유익과 간결함, 그리고 편리성이 확산됨에 따라 일어나는 부작용은 무엇인가? 구글과 네이버의 검색 기능이 백과사전을 퇴물로 만들었고, 독서의 매력이 반감되었다. 스마트폰이 카메라 기능까지 함으로써 코닥필름이 망하게 되었다. 일상생활에서 간단한 사칙연산까지도 계산기로 아웃소싱하고, 전자책이 등장함에 따라 종이책 읽기를 싫어하게 되었다. 또한 정보기술의 발전은 인간의 일자리를 빼앗아 가고 있다. 증권거래소에서 모든 주식 거래를 전산으로 처리하게 되었고, 1980년대 15,500명이었던 뉴욕증권거래소의 중개인이 2014년에는 500명으로 줄어들었다. 다른 거래소의 상황은 더 심각하다. 시카고선물거래소는 2015년 상품 거래 방식을 전면 자동화로 전환했다. 컴퓨터가 빼앗아 가는 지식 노동 업무 영역이 나날이 확대되어 갔다. 기술의 발전으로 전에 숙련 노동자가 하던 일을 비숙련 노동자가 해도 아무런 문제가 생기지 않는다.

공자는 지혜를 얻는 데 세 가지 방법이 있는데 사색, 모방, 그리고 경험이라고 말했다. 첫째, 사색에 의한 것은 가장 고상한 방법이다. 둘째, 모방에 의한 것은 가장 쉽게 지혜를 얻을 수 있으나 만족스럽지 못한 방법이다. 셋째, 경험을 통해 얻는 방법이 있지만 그 양이 가장 적고 어렵다. 인류가 경쟁적으로 과학기술의 발전에 몰입하는 만큼 인간은 사색하는 시간을 빼앗기고 지혜를 얻지 못하는 상황에 처하게 된다. 천연가스, 석탄, 그리고 석유 등의 화석연료를 과도하게 사용하여 문명의 획기적인 발전을 가져온 인류는 역으로 지구온난화라는 재앙을 초래하게 되었다.

4차 산업혁명에서 얻게 되는 인간의 편익은 날로 증진되는 것이 바람직하다. 그러나 그 과정에서 야기되는 부작용에 대처하는 길을 모색하는 것이 필요하다. 즉, 혁신적 아이디어와 창의성 개발이라는 과제를 어떻게 확대해 나가며 그 과정에서 지혜로운 삶을 유지하기 위한 자기관리 방안은 무엇인지 제시하고자 이 책을 쓰게 되었다.

2020년 8월

오세열

목차

창의성은 어디에서 오는가

자기 관리

Part 1

창의성은
어디에서 오는가

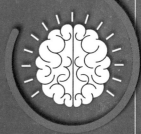

신일덕 기장의
기지

신일덕 기장은 대한항공 베테랑 기장으로 승객들에게 항상 "할렐루야! 신일덕 기장입니다" 하고 인사하는 것으로 유명하다. 그래서 '할렐루야 캡틴'이란 별명을 가지고 있다.

인천에서 런던으로 가는 보잉747 비행기가 순항고도에 이르렀을 때 승무원으로부터 승객 중 한 사람이 위급한 상황에 빠졌다는 소식이 들려왔다. 기장은 승객 가운데 의사를 수소문했으나 그날따라 의사가 한 사람도 탑승하지 않았다. 기내에 각종 약품이 비치되어 있지만 어떤 약을 처방해야 할지 알 수 없었다.

신일덕 기장의 머릿속에 순간적으로 기발한 생각이 떠올랐다. 이 시간대에 런던에서 인천으로 가는 대한항공 비행기가 대략 이 지점에서 서로 조우하며 지나간다는 사실에 착안했다. 교신을 통해 런던발 인천행 대한항공 비행기를 불렀다. 극적으로 반대편 기장과 연결할 수 있었다. 그러나 짧은 시간에 서로 조우하고 지나가기 때문에 교신할 수 있는 시간은 불과 3분 내지 4분에 불과했다. 신일덕 기장은 다급한 상황을 설명하고 반대편 비행기에 탑승한 의사를 수

소문해 주기를 요청했다. 마침 탑승하고 있던 의사를 찾게 되었고 비치약품 중 위급 환자의 상황에 맞는 처방약을 찾을 수 있었다. 그 약을 환자에게 먹이자 환자는 곧 안정을 찾고 잠이 들었다. 런던공 항까지 무사히 잘 도착해서 환자를 병원으로 이송했다. 신일덕 기장 의 기지로 위급한 상황에 빠졌던 환자를 살릴 수 있었다.

긍정적인
생각 습관

사람들은 각자 장점과 단점을 가지고 있는데 타인을 평가할 때 장점보다 단점에 더 관심을 가지고 흥미를 느낀다.

좀 더 구체적인 연구 결과가 있다. 응용언어학자인 로버트 슈라우프에 의하면 문화나 나이를 초월하여 긍정적 감정보다는 부정적 감정을 표현하는 말들이 훨씬 더 많다고 한다. 37개국 언어를 조사한 다음, 감정과 관련된 단어 중에 모든 언어권에서 비슷한 뜻을 가지는 단어 7개를 발견했다. 기쁨, 두려움, 분노, 슬픔, 혐오, 부끄러움, 죄책감이 바로 그것이다. 이 7개 단어 중에 긍정적인 감정을 나타내는 단어는 기쁨 하나밖에 없었다. 이 연구를 통해 사람들이 일상생활에서 얼마나 부정적인 단어를 많이 사용하는지 확인할 수 있다. 이런 부정적인 단어 사용의 습관은 감정을 관리하는 데 악영향을 미친다.

버클리대학의 심리학 교수인 릭 핸슨은 "두뇌는 부정적 경험에는 벨크로(Velcro: 찍찍이)와 같이 반응하고, 긍정적 경험에는 테플론(Teflon: 먼지가 붙지 않는 섬유)처럼 반응한다"라고 말했다.

벨크로

　인간은 긍정적인 경험과 부정적인 경험을 번갈아 하면서 살아간
다. 그런데 우리의 기억은 긍정적이고 좋은 경험보다는 부정적이고
나쁜 기억을 회상하는 경향이 강하다. 우리의 두뇌는 찍찍이가 들
러붙듯 부정적인 생각을 하는 것을 좋아하지만, 테프론 섬유가 먼지
를 밀어내듯이 좋은 기억에 대해서는 그다지 반응하지 않는다는 것
이다. 그래서 의식적으로 긍정적인 마인드를 가지는 습관을 들이는
것이 필요하다. 창의적인 아이디어는 언제나 우리의 마음이 밝은 상
태에 있을 때 떠오르기 마련이다.

스타벅스의
인스턴트커피 비아

　혁신적인 아이디어맨으로 알려진 딘 카멘(Dean Kamen)은 항상 모든 업계의 성공적인 사업과 기술 진보에 주의를 기울인다. "나는 어떤 문제를 보면 이렇게 생각한다. 지금까지 이 분야에서 이 문제를 어떻게 다뤄왔는지 개의치 말고 전혀 다른 업계로 눈을 돌려 혹시 지금 이 문제에 적용하면 해법이 될 만한 기술이 있는지 찾아보자'라는 것이다.

　이러한 발명가의 문제 해결 방식은 태양새(Sunbird)가 꽃꿀을 채취하는 방식과 유사하다. 그래서 태양새형 발명가라고 부른다. 태양새의 서식지는 아프리카, 아시아, 호주 지역이다. 9~30센티미터의 작은 몸에 부리는 가늘고, 아래로 구부러졌으며 혀는 긴 대롱처럼 길게 생겼다. 꿀이 있는 꽃을 발견하면 그 앞에서 빙빙 돌며 탐색하다가 사뿐히 앉는다. 날카로운 발톱으로 나뭇가지에 앉아서 꽃꿀을 빨아먹는다. 이 꽃, 저 꽃으로 꽃가루를 옮기고 상부상조하며 살아간다.

태양새

  태양새형 발명가가 기회를 포착하는 방법도 이와 같다. 먼저 실제 현장에서 긍정적인 결과를 가져오는 발상들을 여러 가지 채집한다. 현실에서 검증되고 성공한 아이디어를 관심 분야에 적용하여 성과를 가져온다. 스텐트(Stent)는 동맥이 좁아져 혈류의 흐름이 원활하지 못한 경우 그 흐름을 정상화시키는 데 사용하는 의료용 재질이다. 카멘은 기존 스텐트가 혈관 안에서 찌그러지는 문제를 해결하기 위해 어마어마한 압력을 견디는 헬기 날개의 구조물에서 영감을 얻었다. 소위 태양새형 착상을 발휘하여 기존의 것보다 우수한 스텐트를 개발했다. 헨리포드의 자동차 조립라인에 관한 아이디어도 자동차 업계와는 동떨어진 가축 도축장에서 영감을 얻었다. 도축된 동물이 작업 공정에 따라 움직이고 각 부문별 인부는 정지된 상태에서 전문화된 일만 해나갔다. 포드의 섬광과 같은 통찰력이 머릿속을 스쳐갔다. "유레카! 도축장의 작업이 해체라인이라면 자동차의 작업은 그 반대로 조립라인이다. 그렇다면 부문별 작업자는 조립라인이 통과하는 지점에 서서 반복되는 작업만 수행함으로써 자동차를 완성하는 것이다." 조립라인이 설치되기 전 연 7만 8천 대를 생산하던 회사가 조립라인 덕에 연 200만 대를 생산함으로써 26배의 생산성 향상을 가져왔다.

스타벅스에서 시판되고 있는 인스턴트커피 비아(VIA)는 태양새형 발상으로 만들어졌다. 커피콩을 갈아서 그 커피 고유의 향취를 보존하는 기술은 커피와는 전혀 다른 의학 분야에서 차용해 왔다. 생물학자 돈 발렌시아는 인체의 적혈구를 보전하는 기술을 이용하여 인스턴트커피를 만드는 데 적용했다. 우연히 스타벅스 CEO인 하워드 슐츠를 만나 자신이 만든 커피를 맛보게 했다. 기가 막힌 커피 맛에 감동을 받은 슐츠는 즉각 돈 발렌시아를 스타벅스 연구개발 팀장으로 기용했다. 스타벅스의 비아는 이렇게 탄생했다.

일자리 파괴
삼인방

미래의 일자리 수요를 파괴하는 세 가지 트렌드는 아웃소싱(Out-sourcing), 로보소싱(Robo-sourcing). 셀프소싱(Self-sourcing)이다. 이들은 인간의 일자리에 부정적인 영향을 미친다.

아웃소싱은 기업 내부의 생산 활동 일부를 기업 외부의 제3자에게 외주를 주어 처리하는 시스템을 말한다. 이의 반대는 인소싱(In-sourcing)이다. 기술 진보가 빠른 속도로 진행될 때 기업 내부에서 생산하지 않고 외부의 최고 기술에 외주를 주면 비용을 절감할 수 있다. 또한 생산 공장을 인건비가 낮은 개발도상국으로 이전하여 비용을 줄일 수 있다. 아웃소싱이 이루어지면 구조조정이 이루어지고 인간은 일자리를 빼앗긴다.

로보소싱은 인간의 손으로 하던 일을 로봇이나 인공지능 등으로 대체하는 것을 말한다. 인공지능은 아직 초보 단계에 있지만 곧 실용성과 효율성을 얻게 될 것이다. 예로는 구글이 개발에 성공한 자율주행 자동차가 있다. 이 기술이 완성되면 택시 운전자와 트럭 운전자가 직업을 잃게 될 위험에 처한다.

또한 삼성은 스마트폰 공장을 베트남으로 아웃소싱함으로써 저렴한 인건비로 비용 절감을 이루고 있다. 그 결과 한국의 종업원 고용 인력을 베트남에 빼앗기게 되므로 한국의 일자리가 줄어든다. 엎친 데 덮친 격으로 로보소싱이 진행되면 그나마 남아 있던 일자리도 로봇으로 대체되면서 다시 일자리가 줄어든다. 베트남은 어떨까. 아웃소싱 효과로 베트남에서 일자리가 늘어났지만 로봇소싱의 효과는 개발도상국에서도 예외가 아니다. 결국 로보소싱은 선진국과 개발도상국 모두에서 일자리를 빼앗아 간다.

셀프소싱은 이미 시행되고 있는 온라인 쇼핑, 인터넷에 의한 극장·열차·비행기 예매, 인터넷뱅킹, 공항의 셀프 탑승 수속, 주유소의 셀프 주유, 호텔의 셀프 체크인뿐만 아니라 인공지능을 이용한 무인마트 등 서비스 받아야 할 일들을 소비자 개인이 직접 하는 것을 말한다. 이러한 일들은 해당 기업의 종업원 몫이었는데 이 자리를 소비자 개인의 노동력이 대체함으로써 일자리가 줄어든다.

일자리를 빼앗아가는 아웃소싱, 로보소싱, 셀프소싱 세 가지 트렌드의 장점은 매우 많다.

의류와 장신구에 칩이 내장되어 있어서 해당 물품을 착용한 사람은 옷을 입은 채로 맥박수와 호흡 등을 측정해 건강 상태를 체크할 수 있고 식료품의 신선도와 유효 기간을 자동으로 측정할 수 있다. 인간의 수명이 연장되는 장점도 있다. 자율주행 자동차의 등장으로 교통사고와 교통 혼잡을 줄이고, 배기가스를 낮추는 것까지 가능해진다.

인체삽입형 모바일 폰은 질병 인자를 감지해 조치해 주며, 치료약을 제공한다는 장점이 있다. 부정적 효과로는, 사생활 침해와 데이터 보안성과 중독성을 들 수 있다.

세 가지
친화관리

처음 만난 사람에 대한 인상은 5초 안에 판가름 나며 흔히 3V로 결정된다고 한다. 3V는 Visual(외모), Voice(목소리), 그리고 Verbal(말하는 내용)이다. 이 중 첫 인상을 결정하는 데 외모가 55%, 목소리가 38%를 차지한다. 이야기의 내용은 불과 7%밖에 차지하지 않는다고 한다. 말하자면 우리는 겉으로 보이는 인상만으로 누군가를 90% 이상 판단하고 있는 것이다.[1] 일단 형성된 부정적인 이미지를 긍정적으로 전환하기 위해서는 몇 배의 노력이 필요하다.

젊음은 아름답지만 젊음이 아름다움의 전부는 아니다. 아름다움이 젊음만의 특권이라면 인생은 금방 시시한 것이 되어 버릴 것이다.

긍정적인 첫 인상을 만들고 인간관계를 좋게 만드는 것은 다음의 세 가지를 관리함으로써 가능하다. 그것은 표정·웃음·감사이다.

첫째, 표정 관리는 마음이 하는 것이 아니라 근육이 하는 것이다. 그러므로 얼굴의 근육만 관리해도 남에게 호감과 긍정적인 첫인상을 줄 수 있다. '개구리'를 발음할 때의 마지막 자 '리'를 하루에 20초간 보름만 연습하면 멋진 표정이 만들어진다. 매력 있는 사람은 연습과 훈련으로 만들어진다. 표정은 외모보다 훨씬 더 중요하다.

둘째, 웃음도 관리의 대상이다. 기쁠 때만 웃는 것이 아니다. 웃으면 엔돌핀이 나와 젊어지고 건강해진다. 인간의 몸은 진짜 웃음과 가짜 웃음을 구별하지 못한다. 전혀 기쁘지 않을 때라도 억지로 웃으면 암세포마저 줄고 건강해진다고 한다. 그래서 암 환자들을 대상으로 하는 웃음 교실까지 생겼다.

삶을 보람 있게 만드는 시금석 3인방

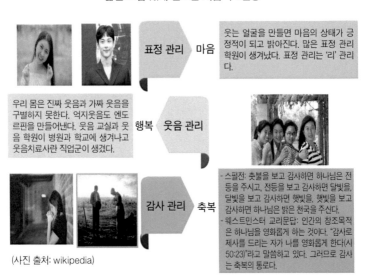

표정 관리 — 마음
웃는 얼굴을 만들면 마음의 상태가 긍정적이 되고 밝아진다. 많은 표정 관리 학원이 생겨났다. 표정 관리는 '리' 관리다.

우리 몸은 진짜 웃음과 가짜 웃음을 구별하지 못한다. 억지웃음도 엔도르핀을 만들어낸다. 웃음 교실과 웃음 학원이 병원과 학교에 생겨나고 웃음치료사란 직업군이 생겼다.
행복 — 웃음 관리

감사 관리 — 축복
- 스펄전: 촛불을 보고 감사하면 하나님은 전등을 주시고, 전등을 보고 감사하면 달빛을, 달빛을 보고 감사하면 햇빛을, 햇빛을 보고 감사하면 하나님은 밝은 천국을 주신다.
- 웨스트민스터 교리문답: 인간의 창조목적은 하나님을 영화롭게 하는 것이다. "감사로 제사를 드리는 자가 나를 영화롭게 한다(시 50:23)"라고 말씀하고 있다. 그러므로 감사는 축복의 통로다.

(사진 출처: wikipedia)

셋째, 작은 일에도 감사하는 습관을 들이면 더 큰 감사할 일이 생긴다. 인간의 창조 목적은 감사를 하나님께 드림으로 그분을 영화롭게 하는 것이다. 대인관계에서 친화적 성격은 사람을 끌어당기는 특성을 갖는다.

친화적인 성격의 특성은 감사와 경청, 그리고 세상의 밝은 면을 보고 대화하는 것이다. 그리고 대화에 상대방에게 유익을 주는 소재가 포함되어 있어야 한다. 비난보다는 격려가 중심이 되어야 한다.

배트나 전략

상대방과 협상 테이블에 앉을 때는 협상이 결렬되었을 때를 예상하고 차선책, 즉 배트나(BATNA: Best Alternative To Negotiated Agreement)를 가지고 있어야 한다. 서울시가 추진하고자 하는 청계천 복원 사업은 청계천 상인들의 반대로 어려움에 봉착하게 되었다.[2] 청계천 복원 사업은 청계천 주변에 수십 년간 터를 잡고 있는 상인들과 협상을 원만하게 수행하는 것이 급선무였다. 서울시는 청계 고가의 철거와 청계천 복원 계획을 발표했다. 2만여 상인들은 곧바로 생활 터전 소멸, 교통 혼잡 등을 내세우며 극렬하게 반대에 나섰다. 서울시는 인근 황학동과 문정동에 이주할 수 있도록 대안을 제시했으나 상인들은 오히려 10조 원 이상의 보상금을 요구하며 맞섰다. 서울시와 상인들의 협상은 도저히 타결될 기미가 없었다. 이때 서울시는 청계 고가 보수 공사라는 '배트나'를 제시했다.

"여러분이 반대하므로 청계천 복원 공사는 연기하기로 하겠다. 따라서 상인들의 철거는 요구하지 않겠다. 그런데 청계고가의 안전 검사 결과 더 이상 사용할 수 없다는 위험 판정이 내려졌다. 서울시로서는 1,000만 수도 시민의 안전을 외면할 수 없다. 청계천 복원 사업은 미루더라도 앞으로 2년간 시행될 청계 고가 도로 보수 공사는 연기할 수 없다."

상인 대표들은 청계천 복원 사업의 연기로 자신들이 이겼다고 생각했는데 고가 도로의 철거는 반대할 명분이 없었다. 청계 고가 보수 공사가 시작되면 어차피 공사가 끝날 때까지 장사를 할 수 없게 된다. 그렇다면 차라리 서울시가 원하는 대로 이주하고 각종 세금 혜택 등 지원을 받는 것이 낫다는 판단을 했다. 결국 청계천 복원 사업 협상은 서울시가 준비한 배트나로 인해 극적인 타결을 보게 되었다.

싱글 태스킹

허버트 사이먼은 노벨경제학상 수상자로서 "정보의 풍요로움은 주의력의 빈곤을 만들어낸다"라고 말했다. 오늘날 멀티태스킹(다중 작업)을 하는 것이 개인의 일상사가 되고 있다. 컴퓨터에서 문서 작업을 하다가 메일함이 궁금해서 메일 화면으로 이동한다. 메일에 답장하다 보면 하던 일을 잠시 잊어버린다. 또한 뉴스가 궁금해서 신문으로 이동한다. 이러한 다중 작업의 폐해는 스탠퍼드대학교의 보고서가 말해 준다. 다중 작업이 일상화되면 뇌의 중요한 두 부분이 손상을 입는다고 한다. 하나는 전두엽피질이라 불리는 곳이다. 이곳은 계획이나 분석, 일의 우선순위를 매기는 것과 같은 이성적인 작업을 담당하는 부분이다. 다른 하나는 해마(Hippocampus)라고 불리는 곳으로 기억이나 공간 학습에 깊이 관여한다. 안타깝게도 이 두 부분이 손상을 입으면 집중력이 저하되고 뇌에 손상을 가져온다. 그러나 대다수 직장인들은 다중 작업으로 일을 처리하지 않으면 도저히 끝낼 수 없을 만큼 많은 일을 해내야 한다. 서류나 전화뿐만 아니라 메일, 인터넷, 소셜 미디어(Social Media), 스마트폰, 화상회의 등 처리해야 할 정보가 시시각각 몰려든다. 이런 환경에서 정보에 휘둘리느라 본연의 일에 집중하지 못하는 생활이 일상화되고 있다.

공항 관제탑(Air Control Tower)은 24시간 수백 대의 비행기가 이륙하고, 착륙하며, 지상에서 이동하는 세 가지 일을 차질 없이 수행해야 한다. 관제탑은 공항 활주로에 있는 모든 비행기들을 주시하지만 지금 당장 모든 능력과 전문지식을 집중하는 대상은 단 한 대, 바로 지금 착륙하는 비행기뿐이다. 그 비행기를 안전하고 완벽하게 착륙시키지 못하면 다른 모든 노력이 물거품이 된다. 착륙하는 비행기가 공항에 접근해 올 때 이륙하려는 비행기와 지상에서 이동하는 비행기는 잠시 대기시킨다. 인생에서도 날마다 해야 하는 중요한 일들이 많지만 가장 중요한 목표는 딱 하나다. 여러 개의 목표를 동시에 달성하려는 사람은 어느 하나도 제대로 달성하지 못한다.

공항관제탑

싱글 태스킹(Single Tasking)은 한 번에 한 가지 일에 몰입하며 그 것을 충실히 하는 것이다. 몰입은 무언가에 무아지경으로 빠진 상태 를 말한다. 이때 에너지와 행복을 느끼고 긍정적인 마음과 유머 감 각, 만족감과 성취감을 느낀다. 그리고 스트레스와 압박감, 의구심 과 불안감, 지루함과 산만함이 없어진다. 집중하는 일의 개수와 생 산성의 관계를 보면 다음과 같다.

생산성이 가장 높은 것은 한 가지 일에만 집중하는 싱글 태스킹 상태다. 두 개 이상의 일을 동시에 하면 할수록 집중도가 떨어지고 일의 효과도 현저하게 저하된다.

일의 개수와 효과

수행하는 일의 개수	일의 성격
1	싱글태스킹
2 이상	멀티태스킹

과거에 대해서 내가 할 수 있는 일은 없다. 미래의 일도 마찬가지다. 나는 현재를 살 뿐이다.

지금 현재의 한 가지 일에 집중하기(싱글 태스킹)가 중요하다.

멀티태스킹

현대인은 직장에서 컴퓨터를 켜고 일을 시작할 때 대개 서너 가지 일을 한꺼번에 하게 된다. 우선 그날 해야 할 문서 작성을 한다. 틈틈이 이메일을 체크하고 네이버로 각 신문을 보며, 휴대전화 문자 메시지를 확인한다.

시간을 절약하기 위해 여러 가지 일을 동시에 수행하지만 오히려 한 번에 하나씩 해 나가는 것보다 못한 결론에 이른다. 멀티태스킹 (Multitasking)이 기억력을 떨어뜨린다는 연구 결과가 있다. 강의 도중에 노트북을 열어 놓은 학생이 노트북을 닫고 강의를 듣는 학생들보다 더 낮은 점수를 기록했다. 멀티태스킹이 습관화되면 수준 이하의 업무 성과만 낸다. 또한 행복과 만족감이 낮아진다. 미디어 멀티태스킹(워드 프로세스 작업 + 문자 메시지 보내기 + 이메일 체크)에 골몰할수록 불안감과 우울감이 높아지는 경향이 있다.

한 가지 일에 몰두하면 그 일을 더 즐겁게 할 수 있다. 정신과 신체의 에너지를 현재 하는 일에만 쏟을 때 깊은 만족감을 얻게 된다.

미디어 멀티태스킹

모차르트는 몇 곡을 동시에 작곡했다. 모두 걸작이었다. 이것은 멀티태스킹의 유일한 예외다. 다른 작곡가들, 바흐 헨델, 하이든, 베르디는 한 번에 한 작품씩 작곡했다. 이들은 자신이 작곡하고 있는 작품을 완성하기 전에는 다른 작곡을 시작하지 않았다. 많은 일을 해내는 가장 빠른 지름길은 한 번에 한 가지씩 하는 것이다.

우리는 마법에 걸린 듯 온갖 영상 매체와 메시지 주고받기에 빠져버린 나머지 풍요로운 삶을 즐기지 못하고 자아 실현을 이룰 기회를 잃어버린다. 휴대전화 인터넷, SNS에 중독되어 산다. 비행기가 착륙하기 무섭게 휴대전화를 연결하고 스마트폰의 전원을 켠다. 현대인은 스마트폰 부재 시 스트레스를 받을 정도로 스마트폰 금단 증세에 젖어 있다.

현대인들은 이러한 생활 습관에서 벗어나 스스로 심사숙고하며 중요한 것을 가려낼 줄 알아야 한다.

책을 통한 배움

우리가 인생을 살면서 배우고 경험할 수 있는 대상은 세 가지인데 책과 사람과 직접 경험이다. 배움과 경험의 폭으로 본다면 책으로부터 가장 폭넓게 많은 것을 얻게 된다. 책을 펼치면 시간과 공간을 불문하고 모든 위인들과 교류하게 된다. 문자를 발명한 수메르인 시대에서 시작하여 현대에 이르기까지 발간된 수많은 책으로부터 지식과 지혜를 얻을 수 있다는 사실은 기적이 아닐 수 없다. 그다음이 주변 사람으로부터 얻게 되는 경험인데, 이는 제한적일 수밖에 없다. 가장 배움의 폭이 좁고 시행착오를 많이 겪는 것은 직접 부딪쳐 경험하는 것이다. 다음 그림에서 이를 확인할 수 있다. 아래로 내려갈수록 배움과 경험의 폭이 넓어진다. 책 읽는 습관을 가진 사람과 그렇지 않은 사람이 5년 내지 10년 뒤에 만나면 지식과 지혜의 폭이 크게 다르다는 사실은 여기에 근거를 두고 있다. 그러나 경험치의 임팩트, 즉 경험의 충격은 그 반대로 아래로 갈수록 적어진다. 즉, 경험의 충격은 직접 체험이 가장 크고 사람과의 만남에서 얻는 경험이 그다음이며, 책으로부터 받는 경험의 충격은 가장 적다.

바트린은 "책이 없다면 신은 침묵을 지키고, 정의는 잠자고, 과학

은 정지되며, 철학도 문학도 없어질 것이다"라고 말했다. 독서는 집
중력을 강화시켜 주지만 TV 시청은 집중력을 붕괴시킨다는 실험 결
과가 있다. 독서를 할 때 뇌는 세 가지 활동을 하게 된다. 깊은 집중
과 효율적인 문자 해석 활동과 의미를 파악하는 활동이다.

배움의 폭과 깊이

몰입

몰입(Flow) 연구의 대가인 칙센트미하이는 몰입을 "머릿속의 생각과 목표, 행동 등 모든 정신이 하나로 통일되는 상태"라고 말한다. 몰입은 주위에서 일어나는 상황을 잊어버리고 어느 한 가지 일에 마음을 쏟아 붓는 것을 말한다. 예컨대 무언가에 깊이 빠져들어 식사 시간도 잊어버리거나 밤을 꼬박 새는 상황이라면 몰입을 경험했다고 볼 수 있다.[3]

무아지경에 빠지는 경우 에너지는 고갈되거나 방전되지 않고 오히려 정신적인 활력을 얻게 된다. 링컨은 어릴 때부터 독서에 몰입한 나머지 미국의 가장 위대한 대통령으로 이름을 남겼다. 영국의 고고학자 카터는 이집트의 파라오 무덤을 탐사하려고 6년간 몰입했지만 아무것도 발견하지 못했다. 그러나 결코 포기하지 않고 마지막 괭이질에서 1922년 투탕카멘의 무덤을 발견했다.

베토벤은 작곡에 열중한 나머지 식당에서 주문하는 것도 잊고 결국 계산서를 갖다 달라고 할 정도였다.

아인슈타인은 몇 시간이고 집중할 수 있는 능력을 가졌기 때문에 상대성 원리를 도출해 냈다.

대부분 사람은 살아가면서 어쩌다 한 번 몰입을 경험하지만 그 묘미를 깨달은 사람은 수시로 몰입의 상태에서 일한다. 몰입을 알고 있는 일부 교수는 논문을 쓸 때 일주일씩 두문불출하면서 내내 매달린다. 창의성과 관련하여 어떤 문제에 대해 너무 많은 정보를 가지게 되면 창의성을 발휘하기 어렵다. 창의성은 개인의 헌신과 열정에서 나온다. 어떤 분야이건 탁월한 성과에 이르지 못하는 것은 목표에 이르기까지의 힘든 과정을 감내하지 못한 데 있다.

회사에서 오랜 시간 몰입 상태로 일하는 사람이 있다면 이 사람은 독특한 개성과 능력을 가지고 그 조직에서 큰일을 해낸다.

과제 수준과 개인의 역량에 따른 감정 변화를 살펴보면 다음과 같다.

- 개인의 역량은 낮은데 과제 수준이 너무 높으면 지레 겁먹고 자포자기하게 된다.
- 개인의 실력과 역량은 높은데 과제 수준이 너무 낮으면 나태하게 되고 지루함을 경험하며, 주의가 산만해진다.
- 개인의 실력과 과제의 난이도가 다 낮은 경우 최악의 상태가 되어 무관심과 의기소침에 이른다.
- 개인의 역량도 높고 수행해야 할 과제 난이도가 높은 경우 물 만난 고기처럼 자신이 잘하는 일에 몰입하여 큰 성과를 이룬다. 이때 자신을 완전히 잊어버린 채 평소의 역량을 충분히 발휘하여 일을 성공적으로 마무리한다.

자신의 최적 지점을 알아내고 거기서 일할 때 행복 지수가 높아지고 성과는 높아진다. 내가 좋아하는 일은 취미와 직결된 일일 수도 있다. 자신이 재능을 가지고 있는 일을 회사에서 하게 된다면 그 일을 잘할 수 있을 것이고 회사의 귀중한 인재로 인정받게 된다.

과제 수준과 개인 역량에 따른 감정 상태 변화

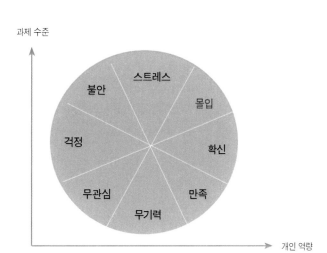

모두가 승리를 원하지만 목적지에 도달하는 자는 소수이다. 목적지에 도달하려는 사람은 다음 세 가지에 대한 확신이 있어야 한다. 기필코 이기겠다는 열망(Desire), 반드시 해내겠다는 의도(Intention), 틀림없이 목표를 이루고자 하는 기대(Expectation). 이 세 가지 정신적인 확신을 가진다면 성공은 이루어질 것이다.

과제에 대한 열망과 태도 변화에 따른 감정 변화를 보면 다음과
같다.

첫째, 주어진 과제에 대한 열망의 강도가 높고 긍정적인 마음을
가지면 몰입을 경험하게 된다. 이 경우 자신감과 도전 정신을 활용
하여 주어진 일을 성공적으로 이룰 수 있다.

둘째, 긍정적이고 유쾌한 에너지를 가지고 있지만 열망의 강도가
낮으면 느긋한 마음가짐에 머물고 일의 성취도가 낮다.

셋째, 매사에 부정적이고 불쾌한 에너지에 사로잡혀 있으면서 일
에 대한 욕구도 낮으면 의욕 상실과 패배감에 빠지게 된다.

넷째, 과제에 대한 열망은 높지만 매사에 부정적 태도를 가지고
있으면 최악의 상태에 이른다. 분노와 두려움에 휩싸인다. 이웃 사
람에게까지 나쁜 영향을 미친다.

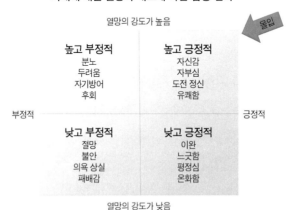

과제에 대한 열망과 태도에 따른 감정 변화

열망의 강도가 높음

몰입

높고 부정적
분노
두려움
자기방어
후회

높고 긍정적
자신감
자부심
도전 정신
유쾌함

부정적 ——————— 긍정적

낮고 부정적
절망
불안
의욕 상실
패배감

낮고 긍정적
이완
느긋함
평정심
온화함

열망의 강도가 낮음

자기 관리

시간은 가장 공평하다. 모두에게 24시간이 주어지기 때문이다. 그러나 동시에 시간은 가장 불공평하다. 어떻게 활용하느냐에 따라 주어진 24시간은 사람마다 다르기 때문이다.

인간의 진정한 모습은 스스로 생각하는 나(Ego: 에고)와 상대방이 인식하는 나(Personal: 퍼스널)의 두 가지가 결합되어서 나타난다. 이것이 자신의 정체성(Identity)이다.

유머 지수(HQ, Humor Quotient)를 높여라. 유머는 사물에 대한 일종의 통찰력으로 사물 간에 발생하는 흥미로운 관계를 바라보고 생활 속에서 발생하는 잘못이나 결점을 선의의 풍자로 나타내는 것이다. 유머는 자조적 행위이지만 타인에게 활력과 용기를 준다. 매력과 희망을 제시하여 밝은 분위기를 조성한다. 어려운 상황을 빠르게 회복하는 능력도 가진다.

자기 자신을 정복하는 것은 가장 위대한 정복이다. 천부적이라 함은 평범한 자질을 비범한 정도로 끌어올리는 것이다.

스마트폰이나 카카오톡, 페이스북 등 소셜 미디어(Social media)는 오늘날 생활필수품이다. 오죽하면 노모포비아(Nomophobia)란 단어가 생겨났을 정도다. 노모포비아는 '노(No) + 모바일폰(Mobile Phone) + 포비아(Phobia)'의 합성어로서 스마트폰이 없으면 스트레스를 받고 심지어 공포심에 이른다는 말이다. CNN 조사에 의하면 사람들은 하루에 평균적으로 34번 스마트폰을 확인하고 70%의 사람들이 노모포비아 증세를 가진다고 발표했다.

인간의 삶 가운데 알게 모르게 두려움이 엄습해 온다. 두려움이 항상 현대인을 곁에서 위협하고 있다. 언어 애호가들은 모든 단어를 두려움과 결합하여 새로운 단어를 만들었다. 구글에서 'phobia list'를 치면 A에서 Z까지 수천 개의 두려움 리스트가 나온다. 영어사전이 두려움으로 뒤덮여 있을 지경이다.

- 고소 공포증 → acro**phobia**
- 운전 공포증 → auto**phobia**
- 시어머니 공포증 → penthera**phobia**
- 결벽증 → automyso**phobia**
- 실패 공포증 → atychi**phobia**
- 비웃음 공포증 → catagelo**phobia**
- 새로운 것 공포증 → Neo**phobia**
- 공포 공포증 → phobo**phobia**

성경에는 두려워하지 말라는 권고가 365번 나온다. 그래서 프랭클린 루스벨트 전 미 대통령은 "우리가 두려워해야 할 대상은 두려움 그 자체다"라고 말했다. 우리의 적은 두려움이지 위험이 아니다.

유용성과 재미의 관계를 보면 다음과 같다. 유용성이 큰일은 대개 재미없는 부류에 속한다. 독서와 논문 집필 등은 유용성이 크지만 많은 수고와 노력을 들이는 일이다.

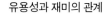

유용성과 재미의 관계

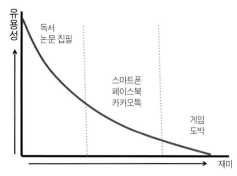

독서의 유용성에 대해서는 많은 선각자들이 조언한다. 소크라테스는 "남의 책을 읽어라. 남이 고생한 것을 가지고 쉽게 자기 발전을 이룰 수 있다"라고 말했다. 또한 워런 버핏은 "독서 외에 당신의 인생을 가장 짧은 시간에 가장 위대하게 바꿔 줄 방법은 이 세상에 존재하지 않는다"라고 책 읽기를 찬양했다. 우리 주변에는 관심을 끌고 재미와 흥미를 유발시키는 일이지만 유용성은 그다지 기대할 수 없는 일들이 무수히 많다.

'카톡' 하고 울릴 때마다 소량의 도파민(Dopamine)이 뇌에서 분비된다고 한다. 도파민은 뇌에서 방출되는 일종의 쾌감물질이다. 친구나 가족과의 대화는 일시적인 쾌감과 의욕을 가져오지만 그다지 유용성이 크지 못하다. 도박이나 게임은 유용성이 거의 없는데도 그 순간적인 재미로 인해 벗어나지 못한다.

약점을 고치려고 애쓰는 것보다 최고의 장점을 더 활용하는 쪽에 초점을 맞추고 노력하는 것이 필요하다. 이성적인 사람은 자신을 세상에 맞추려고 하고 비이성적인 사람은 세상을 자기에게 맞추려고 노력한다. 모든 진보는 이성적인 사람이 아니라 비이성적인 사람들로부터 이루어졌다. 자기절제란 정말 원하는 결과를 얻기 위해 원하지 않는 일도 하게 만드는 능력이다. 피겨스케이팅에서 정상에 오르기까지 평균 2만 번의 실수가 필요하다고 한다. 평판은 한 번에 모래 한 알씩 쌓는 것과 같다. 그러나 그것을 무너뜨리는 것은 한순간이다.

습관은 반복하며 습득한 무의식적인 행동 패턴이다. 반복이 자아를 형성하므로 행위보다는 습관이 더 중요하다.

어떤 일에 몰입하며 빠져드는 습관을 들이는 것은 쉬운 일이 아니다. 그러나 일단 그 습관을 들이게 되면 집중하는 것이 어렵지 않다.

아리스토텔레스는 "우리가 반복적으로 하는 행동이 곧 우리가 누구인지 말해 준다"라고 말했다. 우리는 일상에서 일어나는 일의 약 95%를 습관적이고 무의식적으로 처리한다. 좋은 습관을 형성하여 그 습관이 자신을 통제하게끔 한다면 천군만마를 얻은 효과를 가진다.

> "위대한 사람들은 하루아침에 지금의 자리까지 올라간 것이 아니라
> 다른 동료들이 잠을 자고 있을 때 끊임없이 보이지 않게 노력했기 때
> 문에 그 자리에 있는 것이다."
>
> - 헨리 워즈워스 롱펠로

> "모든 일은 그것이 쉬워지기 전까지 어렵기 마련이다."
>
> - 괴테

> "좋은 습관을 만드는 것은 어렵지만 한 번 만들어지면 인생살이를 쉽
> 게 만들어 준다. 반대로 나쁜 습관은 쉽게 익숙해지지만 삶을 어렵게
> 만든다."
>
> - 에드 포멘

"습관은 최상의 하인이 될 수도 있고 최악의 주인이 될 수도 있다."

- 에몬스

"손톱이 자라면서 없어지듯 습관은 습관에 의해 정복된다."

- 에라스무스

"습관은 처음에는 약한 거미줄 같지만 그대로 두면 우리를 꼼짝 못하게 만드는 쇠사슬이 된다."

- 에드워드

"우유부단한 것이 습관화되어 있는 사람보다 더 비참한 사람은 없다."

- 윌리엄 제임스

"습관을 바꾸는 것만으로도 자신의 인생을 바꿀 수 있다."

- 윌리엄 제임스

"습관이란 인간으로 하여금 그 어떤 일도 할 수 있게 만든다."

- 도스토예프스키

미국 속담에 아는 악마가 낫다는 말이 있다. 사람은 지금 처한 상황을 그리 좋아하지 않지만 새로운 상황으로 바뀌는 것은 더 싫어

한다는 뜻이다. 이러한 타성은 젊은 사람보다 나이 든 사람에게 더 많이 나타난다.

마크 트웨인은 장의사마저도 나의 죽음을 슬퍼할 만큼 훌륭한 삶을 살아야 한다고 말했다.

정신과 육체의 갈등에서 승리는 항상 정신이 차지한다. 미국 메이저리그 전설로 통하는 야구감독 요기 베라(Yogi Berra)는 "야구는 10%가 신체적 능력에 좌우되고 90%는 정신력에 달려 있다"고 말했다. 신체를 지배하는 건 정신력이다. 정신은 의식과 무의식으로 나뉜다. 의식은 생각하고 계획하고 문제를 풀고 감정을 느끼는 것이고 무의식은 우리의 신념, 즉 우리가 진실이라고 믿는 것들이 포함된다. 대다수 사람들은 무의식을 인식하지 못하고 자신의 신념도 인지하지 못한다. 우리가 생각하고 느끼는 것(의식)은 인식하지만 신념과 환경(무의식)에 대해서는 제대로 인지하지 못한다. 우리가 능력을 최대한 발휘하지 못하는 이유도 이 때문이다.[4] 맹자는 자기 안의 위대한 면을 따르는 자는 위대하게 되고 자기 안의 소심한 면을 따르는 자는 보잘것없는 자가 된다고 말했다.

세상을 바꿀 수 있다고 생각할 만큼 충분히 미친 자들이 실제로도 그렇게 한다. 피드백은 승자의 아침식사다. 식사로 시리얼을 먹는 것처럼 피드백과 건설적인 비판은 성장과 발전에 절대적이다.

인생을 살다 보면 오르막과 내리막이 있고, 철책에 걸려 넘어지는가 하면 구덩이에 빠지기도 한다. 폭풍우를 만나기도 하지만 화창한

날도 온다. 좋은 습관을 몸에 익히면 모든 고난과 역경을 극복하는
것이 쉬워진다.

일과 휴식

인간의 정신력과 에너지는 90분을 주기로 변화한다. 아무리 흥미 있는 게임이나 스포츠 경기도 90분을 넘어서면 재미가 반감하고 몸이 휴식을 요구한다. 그래서 축구 경기는 전후반 합해서 90분을 시합 시간으로 정한다. 잠을 잘 때도 90분 주기로 얕은 수면기, 깊은 수면기, 렘(Rem) 수면기를 오간다.[5] 초중고등학교와 대학에서 60분 수업이 끝나면 통상 10분 휴식시간을 가진다. 집중하여 일하다가도 적절한 휴식을 취하면 더 큰 정신력 주기가 다가온다. 역사적으로 가장 위대한 깨달음은 집중의 순간이 아니라 휴식의 시간에서 일어났다. 아르키메데스는 문제 해결을 위해 골몰하여 집중했지만 답을 찾지 못하고 포기했다가 목욕물에 몸을 잠그고 있을 때 불현듯 해결의 실마리를 찾아냈다. 뉴턴은 사과나무 밑에서 느긋하게 휴식을 취하는 순간 위대한 중력의 법칙을 알아냈다. 철학자 칸트는 산책을 습관화했다. 뉴턴이나 아르키메데스뿐만 아니라 에디슨, 아인슈타인, 마리 퀴리 등도 문제 해결의 실마리를 쉬고 있을 때 얻었다. 이는 베토벤, 피카소 등 예술가도 마찬가지다. 우리에게는 집중해서 일할 때와 완전 휴식을 취할 때가 모두 필요하다. 여기서 예외적으로

피카소는 "나에게 그림 그리는 것은 휴식이고, 사람을 만나서 커피 마시며 대화하는 것은 고된 일이다"라고 했다. 피카소에게 그림 그리는 일은 즐거운 소일거리가 되기 때문에 다작을 하더라도 최고 수준의 작품이 나온다. 피카소의 그림이 경매 시장에서 가장 비싸게 팔리는 이유가 여기에 있다. 피카소는 "성공의 비결은 당신의 직업을 휴가로 만드는 데 있다(The secret of success is making your vocation vacation)"라고 말했다. 대개 사람들은 휴식을 취하는 수단으로 여행이나 야구 경기, 등산 등을 선택한다. 휴가 기간에 독서하겠다는 사람은 드물다. 독서가 휴가가 된다면 성공은 그 사람에게 가까이 와 있다.

플라세보 효과와
노시보 효과

플라세보 효과(Placebo effect)는 심리학·의학 용어로, '위약(僞藥)', 즉 가짜 약을 먹는 효과이다. 예를 들어 밀가루를 감기약이라고 속여서 환자에게 먹이는 경우 환자는 진짜 감기약이라고 믿고 먹는다. 그 결과 감기가 호전되었다고 믿는다. 가짜 우울증 약을 먹은 환자의 30~40%가 증세가 나아졌다고 응답한 조사 결과도 있다.[6]

한편 노시보 효과(Nocebo effect)는 부정적인 신념의 위력을 보여주는 효과이다. 노시보는 어떤 약이나 행위가 나에게 부작용이나 나쁜 결과를 가져올 것이라고 믿으면 실제로 그런 증상이 나타나는 현상을 말한다. 불길한 징후로서 이 일만 하면 꼭 나쁜 일이 생긴다고 믿는 관념을 말한다. 징크스(Jinx)의 의미를 가진다. 예로서 중국 축구 국가대표팀은 우리나라 축구 대표팀에 대해서 공한증을 가지고 있다. 중국과 치른 35번 경기 가운데 역대전적은 20승 13무 2패이다. 그 결과 중국은 축구에 관한 한 한국에 대해서 두려움을 느끼고 있다. 노시보 효과가 플라세보 효과보다 강력하다.

스티브 잡스

 스티브 잡스의 생부와 생모는 위스콘신 대학원의 학생 신분으로 임신을 하게 되었다. 1950년대의 미국 사회에서 혼전임신과 낙태는 미풍양속을 해치는 일이었고 허용되지 않는 분위기였다.

 경제적으로 아이를 기를 능력이 되지 않는 이들에게 유일한 선택은 입양시키는 일이었다. 출산을 앞둔 이들은 샌프란시스코의 입양 기관을 찾아가 변호사 부부를 소개받았다. 사내아이를 출산하자 변호사 부부는 입양을 거절했다. 그들이 원했던 아이는 여자아이였기 때문이다. 다른 입양 희망자를 찾은 결과 블루칼라 종사자가 나섰다. 그러나 이번에는 생모인 조엔이 망설였다. 대학을 나오지 않은 입양 희망자에게 맡기기가 꺼려졌기 때문이다. 양부모는 잡스를 대학까지 보내겠다는 약속을 받고 입양을 결정했다. 스티브 잡스는 세 살 때부터 주의력 결핍증과 과잉행동장애증세(ADHD)를 보였다. 잡스는 췌장암으로 죽기 마지막 10년 동안 아이팟(iPod), 아이폰(iPhone), 아이패드(iPad)처럼 세상을 깜짝 놀라게 할 멋진 제품을 만들었다. 잡스는 그 성공의 원인을 인문(Liberal art)과 과학기술(Technology)의 결합에 있었다고 말했다.

애플의 핵심 인물인 잡스는 혁신의 신, 파격의 천재, 독특한 사고 방식의 사상가로 알려져 왔다. 그는 '우뇌로 좌뇌를 전복시킨 최초의 인간'으로 평가받는다. 그는 과감하게 상상하고 그 상상을 과감하게 행동에 옮길 줄 알았다. 잡스는 IT에 미친 사람이었다, 디자인 천재 였고 애플이 소유한 1만 건의 특허 중 잡스 명의의 특허는 313개이 며 이 가운데 디자인 관련 특허가 많았다. 2001년에 아이팟을 출시 하면서 사람들을 음악 세계로 인도했다. 2007년에는 아이폰을 선보 임으로써 애플을 휴대폰 업계의 새로운 강자로 부각시키는 한편 새 로운 패러다임을 제시했다. 2010년에는 아이패드를 내놓았다. 10년 동안 끊임없이 혁신을 추구하면서 애플을 파산 직전의 위기에서 구 해내 거대한 IT 제국으로 성장시켰다. 잡스에게 상상할 수 있는 것 은 무엇이든 가능했다. 잡스 이전의 사람들은 전자제품에서 혁신이 라고 하면 오로지 기술 혁신만을 떠올렸다. 느린 것을 빠르게, 복잡 한 것을 단순하게 만드는 정도가 일반 사람들이 생각하는 혁신의 수준이었다. 그러나 잡스는 이러한 기술 혁신의 틀 안에 머무르지 않고 가치 혁신을 생각해 냈다. 개인용 컴퓨터 아이맥(iMac)은 기존 의 컴퓨터에서 볼 수 없었던 곡선 형태의 디자인이었다. "최고의 부 자가 되어 무덤에 묻히는 것은 별로 중요하지 않다. 잠자리에 들기 전 '오늘 놀라운 일을 해냈구나'라고 말할 수 있는 것이 중요하다"라 는 말을 남겼다. 온갖 명예와 찬사를 한몸에 받았지만 기업가로서의 잡스는 수많은 고난을 겪었다. 그가 고안한 디자인이 수없이 거절되었다. 친구가 적으로 바뀌었고 자신이 세운 애플에서 쫓겨났다. 그러나 이 순간에도 잡스는 혁신의 발걸음을 멈추지 않았다. 나중에 잡스는 "내가 애플에서 해고되지 않았다면 나에게 아무것도 일어나지 않았을 것이다. 그것은 쓰디쓴 약이었으며 나와 같은 환자에게 꼭 필요한 것이었다"라고 회고했다.

깊은 산중의 큰 나무 위에 형형색색의 아름다운 자태를 가진 새가 앉아 있다. 쳐다보며 '아름답다'라고 느끼는 순간 푸드득 새는 날아가 버린다. 독창적인 아이디어도 이와 같다. 생각하는 순간 금세 사라진다. 그래서 파스칼은 잊지 않기 위해 아이디어가 떠오르는 순간 손톱에 새겼다고 한다.

모방의 패러독스

창의적인 작가는 모방을 전혀 하지 않은 작가가 아니라 모방을 했을지라도 최종적으로 차별화되는 작품을 생산해내는 자이다. 독창적인 작풍을 가진 소설가라도 초창기 습작 시절에는 다른 작가를 모방할 수밖에 없다. 시행착오를 거듭하면서 누구도 모방할 수 없는 작풍을 이루어 낸다. 비즈니스 세계에서도 마찬가지다. 다른 기업이 모방할 엄두를 내지 못하는 시스템을 가졌더라도 그 시스템 역시 초창기에는 모방으로 만들어졌다는 사실이다. 이처럼 모방할 수 없는 독창적인 창작물이 실상은 모방으로 이루어져 있는 사실을 모방의 패러독스라고 한다.[7] 피카소도 젊었을 때 동료화가의 구도 등을 참고해서 화가로서의 소양을 쌓았다. 피카소의 이런 행동은 동료의 회화 기법을 훔친 것이다. 그 당시 친구들은 피카소가 오면 자신들의 작품을 고의적으로 숨겼다고 한다.[8] 셰익스피어와 뉴턴, 아인슈타인도 마찬가지였다. 모방은 창조의 어머니다. 모차르트는 어린 시절부터 다른 사람의 음악을 수없이 연주했기에 독창적인 음악을 창조할 수 있었다. 월마트의 샘 월튼은 "내가 한 일의 절반은 다른 사람의 것을 모방한 것이다"라고 고백했다.[9] 창조적 모방에는 두 가지 형태가 있다. 첫째, 자신을 발전시키기 위해 다른 사람의 좋은 점을 배워 오는 형태의 모방이다. 둘째, 다른 사람의 나쁜 본보기를 보고 이를 거울삼아 좋은 교훈을 얻어내는 형태의 모방이다.[10] 독창성과 창조는 무에서 유를 만들어 내는 마법이 아니다.

에토스·파토스·로고스

사진에서 보는 것처럼 미국에서는 앰뷸런스 앞에 로고를 대부분 'AMBULANCE'라고 적지 않고 거꾸로 적고 있다. 이것은 구급차 앞 운전자가 자동차 백미러를 통해 볼 때 거꾸로 쓰여진 로고가 바로 'AMBULANCE'로 읽힐 수 있도록 배려한 것이다.[11]

메시지 전달의 세 가지 요소는 에토스·파토스·로고스이다. 에토스(Ethos)는 인격, 평판 등 말하는 사람에 대한 신뢰를 의미한다. 파토스(Pathos)는 이성의 판단과는 다른 원천으로부터 오는 것이며 인간의 감성이 느끼는 기분과 정서를 총괄하여 표현한 말이다. 그리고 로고스(Logos)는 인간 이성의 능력으로서 상대방을 설득할 수 있는 논리, 이성, 진리를 의미한다.

이 세 가지가 모두 충족될 때 연설뿐만 아니라 세일즈에서 바람직한 성과를 가져온다. 그런데 시대가 변함에 따라 세 가지의 중요도가 달라진다.

에토스·파토스·로고스
(출처: wikipedia, commons)

20세기에는 청중이나 고객이 가장 중요하게 생각하는 것은 단연 로고스, 즉 논리였다. 그래서 로고스(논리) 70%, 파토스(감성) 20%, 에토스(신뢰) 10%의 순위였다. 그러나 21세기에는 연사나 세일즈맨에 대한 신뢰감이 논리보다 더 중요하게 부각되었다. 에토스 40%, 파토스 30%, 로고스 30%의 순서로 바뀐 것이다. 아무리 논리적이고 감성이 풍부하더라도 연사에 대한 신뢰가 무너지면 그 명성은 하루아침에 훼손된다. 이는 클린턴 전 미 대통령이 재선 운동을 할 때 불거진 성추문 사건에서 증명되고 있다. 논리적이고 감성적인 클린턴에 대한 신뢰가 무너지자 미 국민들의 반응은 급속히 식었다.

메모

메모는 단순히 정보와 아이디어를 기록하는 수단이 아니다. 메모를 하다 보면 뇌가 활성화되고 스트레스가 감소된다. 마음의 건강에 큰 도움이 된다.

손으로 메모하는 것은 컴퓨터에 문자를 입력할 때보다 뇌에 더 많은 부하가 걸린다. 키보드에 글자를 입력하는 경우 눈과 귀를 통해 들어온 정보는 뇌를 거치지 않고 모두 손끝으로 빠져나가게 된다. 따라서 컴퓨터에 적는 행위는 메모라기보다는 작업에 가깝다. 이때 정보가 저장되기보다는 그냥 뇌를 스쳐 지나가게 된다. 이는 속기술과 비슷하다. 속기사는 말의 내용을 알지 못하고 단지 들리는 말을 기계적으로 종이에 옮겨 적을 뿐이다. 속기술은 받아쓰기에 지나지 않으며 뇌의 활성화와는 관련이 없다.[12] 그러나 메모는 글자의 배치를 스스로 정해야 하고 문장의 구조와 배열 등을 고려해야 하기 때문에 뇌를 활성화하는 데 도움이 된다. 메모는 객관적 정보를 주관적 이해로 옮기는 적극적인 행위다. 생각을 글로 표현하면 뇌의 정보 흡수 능력이 올라간다. 디지털 사회를 살아가면서 손으로 쓰는 메모와 같은 아날로그 도구를 사용한다는 것이 시대에 뒤떨어지는 것처럼 보이지만 결코 그렇지 않다. 메모는 우리 인간과 현대 사회를 이어주는 중요한 연결고리가 된다.

루이스 캐롤(Lewis Carrol)의 소설, 『이상한 나라의 앨리스(Alice in Wonderland)』에서 왕은 왕비에게 물었다. "그 끔찍한 순간을 절대 잊을 수 없을 거요." 왕비가 대답했다. "아뇨, 잊어버리실 겁니다. 적어두지 않으신다면요."

아이디어가 생각났을 때 바로 기록하는 일이 얼마나 중요한지를 알 수 있다. 길을 가다가도 순간적으로 떠오르는 아이디어가 떠오르면 즉시 메모하는 습관을 갖는 것이 중요하다. 최고의 생각은 우연히 떠오른다. 마음속에서 반짝했다가 순간적으로 사라진다. 그런 생각을 적어두지 않으면 머릿속에 채운 다른 생각들에 의해 밀려 사라지고 만다. 그래서 섬광같이 떠오르는 생각을 수첩이나 스마트폰에 저장하는 습관을 가지는 것이 필요하다.

구석기 동굴 벽화로부터 월드와이드웹(WWW, World Wide Web)에 이르기까지 인간의 창의적인 사고는 유한한 인간의 기억을 디지털 기록으로 남기려고 했다. 1990년대 월드와이드웹이 발명되었고 2000년대 들어와서는 소셜 미디어가 급속도로 성장하게 되었다. 이 와중에서 우리는 정보에 압도당하는 느낌을 받는다. 그러면서도 정보의 풍요함과 약속에 강하게 마음을 빼앗기고 있다. 정보가 많아질수록 점점 더 많은 데이터를 필요로 하고 우리가 아는 것을 제대로 따라잡지 못하고 뒤처지고 있다는 불안감에 사로잡히게 된다.

창의성

우리 두뇌는 1만 시간의 연습을 거치면 그 구조가 변화되며 2만 시간을 넘어서면 놀라운 탈바꿈을 한다. 수학자 푸앙카레는 IQ가 매우 낮았지만 몰입의 경지에서 문제 해결에 이르렀다. 아인슈타인과 과학자들은 푸앙카레를 가장 위대한 수학 천재로 여긴다. 압박이 없으면 혁신도 없다. 궁지에 몰린 쥐가 창의력을 발휘한다. 핵심 가치는 망망대해에 떠있는 북극성과 같다.

아이디어는 책상 앞에 있을 때보다 욕조에서 휴식을 취하거나 산책할 때 더 자주 떠오른다. 인류에게 커다란 족적을 남긴 위인들의 경험을 보면 집중적인 지적 활동을 떠나 몸과 마음의 긴장을 푸는 순간 불시에 뚜렷한 통찰력을 얻게 된다. 데카르트는 몽상에 잠겨 있다가 무아지경에서 하나의 계시를 받았다.

'유레카(Eureka)'는 질문에 대한 답을 알아냈을 때의 기쁨을 말한다. 이 순간에는 혁신이 일어날 수 있다.

반면 '카람바(Caramba)'는 놀라움, 당황, 분노를 나타내는 스페인어이다. 홀로 남겨진 채 자신을 태우지 않고 하늘로 날아오르는 나사(NASA)의 우주선 모습을 지켜볼 때 느끼는 감정이다.

카람바는 놀랍도록 새로운 가능성(유레카)의 전 단계에서 경험하는 갑작스러운 깨달음의 순간이자 충격의 순간이다. 구글은 정답보다 질문을 더 중요시한다. 호기심은 그 자체만으로도 존재에 대한 이유를 가지고 있다. 아인슈타인은 "질문이 정답보다 더 중요하다"라고 말했다. 질문이 인생을 바꾼다. 호모 콰렌스(Homo Quaerens)는 질문하는 인간을 의미한다.

중국의 젊은이가 기차를 타고 가는데 굽은 길이 나오자 기차는 속도를 줄이기 시작했다. 속도를 줄이자 낡은 집이 젊은이의 눈에 들어왔고 그는 이 집을 유심히 쳐다보았다. 그곳을 벗어나 목적지에 도착하고서도 젊은이의 마음속에는 그 낡은 집이 떠올랐다. 돌아가는 길에 그 집을 찾아갔다. 집주인은 집 앞을 지나는 기차 때문에 시끄러워 못살겠다고 하소연했다. 집을 팔려고 내놓은 지 몇 년이 지났는데도 집을 보러 오는 사람도 없다고 했다. 젊은이는 당장 3만 위안을 주고 그 집을 샀다. 젊은이는 기발한 계획을 가지고 있었다. 기차가 굽은 길을 돌기 위해 속력을 줄이면 자연히 이 집은 기차 안 손님의 눈에 가장 먼저 띄게 될 것이다. 젊은이는 이 점에 착안하여 집을 광고판으로 만들기로 했다. 그는 곧 여러 기업에 연락해서 이 집이 광고판으로 얼마나 효용 가치가 큰지 알렸다. 얼마 후 코카콜라는 그 아이디어의 광고 효과를 높이 평가하고 1년 대여료 18만 위안을 내고 3년 계약을 체결했다. 창의적인 아이디어로 인해 이 젊은이는 3만 위안을 주고 산 집을 이용해 3년 동안 54만 위안의 돈을 벌었다.

창의적인 지적 생산에 도달하는 방법은 세 가지가 있다. 그것은 옵티멀(Optimal), 휴리스틱(Heuristic), 랜덤(Random) 방법이다. 사실과 논리를 정밀하게 축적하여 해답을 얻는 접근법은 옵티멀 기법이다. 반면 주사위를 굴려 답을 얻는 기법은 랜덤에 해당한다. 스티브 잡스는 경영상 곤란한 판단을 내릴 때 간혹 주사위로 결정하기도 했다.

휴리스틱은 논리적 분석이나 사실에 의거한 판단보다 경험적 지식이나 직관에 의존하여 문제를 해결한다. 식당을 찾을 때 가장 붐비는 식당으로 가는 것이 이 방법이다.

잡스는 "창조는 새로운 것을 만들어내는 일이 아니라 새롭게 조합하는 일이다"라고 말했다. 지식이 100개이면 이를 통해 조합으로 얻을 수 있는 아이디어 수는 4,950개이다. 피카소는 2만 점의 그림을 그렸고 아이슈타인은 240편의 논문을 썼다. 바흐는 매주 칸타타를 작곡했고 에디슨은 1천 건 이상의 발명 특허를 가졌다. 아이디어의 질은 아이디어의 양에 비례한다.

세렌디피티

세렌디피티(Serendipity)는 페르시아의 동화 세렌디프의 『세 왕자』에서 나온 것인데 주인공들이 찾지 못하던 것을 우연히 총명함을 발휘하여 발견해낸 데서 유래한다.

뜻밖에 발견한 목록을 보면 파킨슨 병, 스리랑카, 비아그라 등 2백 개 항목이 있다. 혁신의 역사는 산책이나 샤워 중에 유레카로 나온 것이 많다. 수학자 푸앵카레는 15일간 씨름했지만 성공하지 못하다, 어느 날 일과 후 블랙커피를 마실 때 해결하지 못한 아이디어가 떼지어 떠올랐다. 빌 게이츠는 독서 목록을 작성한 후 1~2주 독서 휴가를 가진다. 구글의 엔지니어들에게는 일주일에 한 번 새로운 아이디어에 도전할 수 있도록 자유 시간이 주어진다. 문제를 해결하지 못한 채 잠이 들면 무의식 상태에서 해결의 실마리를 찾을 가능성이 높아진다.

미리 정해진 스케줄에서는 세렌디피티에 도달하지 못한다. 디지털 시대에는 세렌디피티가 일어나는 것을 방해하는 것들이 많다. 구글이나 네이버 검색엔진에 단어를 입력하면 원하는 것을 무엇이나 지체 없이 구할 수 있다. 이는 효율적이지만 재미없는 일이다. 또한 트위터나 페이스북 같은 SNS 서비스를 통해 수많은 뉴스를 매일 접하게 되지만 그것들도 뜻밖의 발견이 되지 못한다. 왜냐하면 매스미디어(Mass Media)나 소셜 미디어를 통하여 우리 손에 쥐어지는 정보는 모든 것이 걸러지고 점검받은 상태로 오는 집단적 사고이기 때문이다. 독서는 흥미로운 아이디어와 관점을 전달받는 좋은 수단이다. 여러 저자들의 아이디어가 충돌한다면 분명 좋은 결합이 있을 수 있다. 다양한 책과 에세이를 집중적으로 읽는 것이 필요하다. 새로운 아이디어의 네트워크에 빠질 시간을 스스로 마련할 필요가 있다.

넛지

리처드 세일러 미국 시카고대 교수는 캐스 선스타인 교수와 노벨상을 수상했다. 그의 저서 『넛지(Nudge)』는 '이렇게 하자'라고 권유하는 의미로 남의 몸에 자신의 팔꿈치를 슬쩍 대는 것을 의미한다. 소변기 중앙에 파리 모양을 그려 넣었더니 사람들이 소변 줄기를 그 파리 그림에 집중해서 소변기 밖으로 튀는 소변량을 격감시켰다는 이야기는 너무나 잘 알려져 있다.

이 이야기에서 소변기에 파리를 그려 넣은 것이 바로 직접 이렇게 저렇게 하라고 명령하지 않으면서도 슬쩍 소변기를 이렇게 쓰라고 부드럽게 권하는 넛지에 해당한다. 이 부드러운 개입으로 모두가 만족하는 결과를 얻었다. 넛지는 인간의 행동과 습관을 이해하고 명령이나 규칙보다는 누구나 인정하는 행동을 유발하도록 하는 결정을 내리도록 한다.

그러나 행동경제학(Behavioral Economics)은 보통 이보다 훨씬 더 많은 것을 주장하고 있다. 소위 정부의 부드러운 '자유주의적' 개입으로 시장의 결과를 개선할 수 있다고 보기 때문이다. 행동경제학은 전통적인 경제학에서 '예측'을 위해 가정하는 '합리적 인간'을 거부한다. 행동경제학자들은 사람들이 여러 가지 오류에 빠지기 쉬운 편향성을 가지고 있다고 본다. 그래서 그런 편향성을 강제적 명령이 아니라 부드러운 개입으로 더 효과적으로 고칠 수 있다고 주장한다. 시장 효율성에 기반을 둔 주류 경제학은 합리적인 행동을 하는 호모 이코노미쿠스(Homo Economycus)를 가정한다. 그러나 실제 행동에서의 인간의 결정은 합리적인 이성적 판단보다는 비합리적인 감성에 의존하는 경우가 많다.

북한 체제를 변화시키기 위해서 북한 주민에 대해 정보 공개를 확대하는 것이 필요하다. 동독과 서독의 통일은 베를린 장벽이 무너짐으로써 달성되었다. 이것은 동독 사람들에게 서독 진영의 상황이 널리 알려졌기 때문에 일어났다. 한국에서도 정보 공개 확대라는 넛지를 활용한다면 북한 사람들이 남한에 대해 더 많이 알게 되고 이를 통해 북한을 변화시킬 수 있을 것이다.

넛지를 구분하면 좋은 넛지와 나쁜 넛지가 있다. 선을 위한 좋은 넛지(Nudge for Good)가 필요하다. 레스토랑이 건강에 좋은 음식을 내놓는다면 이는 선을 위한 넛지이지만 비만을 가져오는 빵을 내놓는다면 이는 나쁜 넛지(Nudge for Bad)가 된다. 넛지의 역사는 아담과 이브가 뱀의 유혹을 받아 금단의 열매를 먹게 된 시점까지 거슬러 올라간다. 뱀이 나쁜 넛지를 이브에게 전하지 않았다면 이들은 유혹에 빠지지 않았을 것이다.

천재의 호기심

권태를 치료할 수 있는 약은 호기심이다. 하지만 호기심을 치료하는 약은 없다. 꿈은 가끔 쓸 만한 요소를 빼면 허무맹랑하고 무의미하다. 안드레센은 터무니없고 불합리한 이야기에 문학적 기술을 발휘해 줄거리를 구성하고 인간의 행동을 차분하게 묘사했다. 안드레센은 프로이트 이론이 형성되기 수십 년 전에 이미 잠재의식의 세계를 탐구했다. 그는 20세기 초현실주의의 선구자이다.

플레밍은 수채화에 큰 관심이 있었고 아인슈타인의 취미는 바이올린 연주였다. 다윈은 소설가 셸리에 관심이 있었고 보어는 셰익스피어를 흠모했다. 10대 소년 모차르트가 시스티나 성당을 방문하여 합창곡이 연주되는 것을 두 번 들은 후 이 음악을 암기하여 악보를 옮겨 공개했다. 아인슈타인은 어릴 때 나침반이 항상 같은 방향을 가리키고 있는 사실에 매료되었다. '눈에 보이지 않으면서 강력한 성질을 가진 다른 힘들도 존재하는 것이 아닐까?' 하는 호기심을 가졌다. 그는 사람들이 아직 발견하지 못했거나 제대로 발견하지 못한 어떤 힘에 대한 호기심을 갖고 탐구했다. 아인슈타인은 우주를 지배하는 보이지 않는 힘에 관심이 있었다.

마리 퀴리도 4살 때 물리학 실험에 쓰이는 실험 도구를 보고 흥미를 가졌다. 한 분야의 거장들은 그 분야에서 강렬한 애정과 호기심을 느낀다는 공통점이 있다.

아인슈타인의 유언은 신문에 부고 내지 말고 묘지도 만들지 말고 장례식도 묘비도 필요 없다는 것이었다. 화장해서 유골을 아무도 모르게 뿌려 달라고 했다. 화장을 지켜본 이는 12명뿐이었다. 아인슈타인의 성공 공식은 다음과 같다.

$$a(성공)=x(일하는 것)+y(노는 것)+z(침묵하는 것)$$

아인슈타인은 약한 사람은 복수하고, 강한 사람은 용서하고 현명한 사람은 무시한다고 말했다.

케인즈는 뉴턴의 뛰어난 능력을 다음과 같이 표현했다.

"그의 뛰어난 정신의 비밀은 집중적인 내적 성찰이 가능한 비범한 능력에 있다. 그에게는 극히 형이상학적인 문제라도 정확하게 이해할 때까지 계속해서 머릿속에 붙들어 놓을 수 있는 남다른 재능이 있었다. 뉴턴은 한 문제가 그 비밀을 드러낼 때까지 몇 시간, 며칠, 몇 주든 붙들고 씨름했다. 그의 탁월함은 직관의 힘에 있었다."

뉴턴의 조수는 섬광 같은 그의 영감을 다음과 같이 묘사했다.

"그는 정원에서 가끔 한두 번 방향을 틀면서 걷다가 갑자기 자리에 멈춰 섰다. 그러고는 몸을 획 돌려 마치 유레카를 외치는 아르키메데스처럼 계단을 뛰어 올라갔다. 책상에 앉을 틈도 없이 선 채로 무언가 열심히 쓰기 시작했다."

친절

내가 친절하면 상대방은 나를 소중히 여긴다. 친절은 적을 두지 않는 첫걸음이다. 다른 사람들을 친절하게 대하면 나와 반대편에 선 사람들의 수를 최소화할 수 있다. 나를 비방하고 악랄하게 말하는 사람의 수가 적어진다. 우리는 어디에서 어떤 인연을 만날지 모르기 때문에 항상 친절한 자세가 필요하다. 친절한 사람에게는 믿을 만한 추종자가 많아지기 때문이다.

우리의 삶에서 중요한 세 가지는 모두 친절이라고 헨리 제임스가 말했다.

플라톤은 우리가 친절해야 하는 이유를 말한다. "친절하라. 우리가 만나는 모든 사람은 모두 힘든 싸움을 하고 있다." 카네기는 "다른 사람을 비난하지 말라. 비난은 집비둘기와 같다. 집비둘기는 반드시 집으로 돌아온다"라고 말했다. "논쟁을 이기는 방법은 논쟁 자체를 하지 않는 것이다"라는 말은 '논쟁의 패러독스'로 불린다.

암묵적 지식과
형식적 지식

암묵적 지식(Tacit Knowledge)은 언어나 문장으로 표현하기가 어려운 지식을 말한다. 주관적인 지식이나 경험으로서 오감에서 얻어지는 직접적인 지식을 의미한다. 이러한 지식은 생각이나 신념, 몸에 스며든 숙련이나 노하우, 감 등 개인적, 정서적, 심미적인 특성을 가진다. 암묵적 지식은 특정 사람이나 장소 그리고 대상에 따라 한정되는 경우가 많다.

어떤 종류의 기술을 습득하고자 할 때 자연스러운 학습 과정이 필요하다. 이 학습 과정을 통해 암묵적 지식을 체득한다. 몸으로 체득한 암묵지는 말로 설명하기는 힘들지만 행동으로 보여 주기는 용이하다. 예로서 중세의 도제 제도를 들 수 있다. 수공업이 발달한 중세에는 각 분야의 장인들이 작업장의 부족한 일손을 도제들로 충당했다. 12~17세기에 도제들이 장인과 계약을 맺고 7년간 장인 아래서 기술을 배웠다.

암묵지를 형식지로 만드는 과정

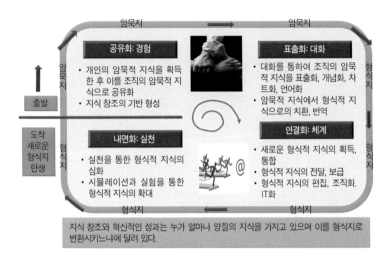

지식 창조와 혁신적인 성과는 누가 얼마나 양질의 지식을 가지고 있으며 이를 형식지로 변환시키느냐에 달려 있다.

한편 형식적 지식(Explicit Knowledge)은 공유, 발전, 증식이 가능하며 언어나 문장으로 표현할 수 있는 객관적인 지식을 말한다. 문제 해결 방법, 매뉴얼, 데이터베이스 등 사회적, 조직적, 이성적, 논리적 특성을 가진다. 정보 시스템에 의한 보완 등을 통해 장소의 이동, 전이, 재이용이 가능하며 언어적 매개를 통해 공유된다. 편집도 가능하다.

개인이 가진 암묵적 지식이 모든 사람들이 공유하는 형식적 지식으로 변화되는 과정은 공유화, 표출화, 연결화를 거쳐 내면화된다.

첫째, 개인의 암묵적 지식을 동료들과 함께 공유하는 체험을 한다. 개인의 암묵적 지식이 조직 전체의 암묵적 지식으로 자리 잡는다.

이를 공유화(Socialization)라고 하며, 지식 창조의 무대가 생성되었다.

둘째, 조직의 암묵지를 주제로 구성원 사이의 회의와 대화를 통하여 형식적 지식으로서의 콘셉트를 만들어 낸다. 이를 표출화(Externalization)라고 한다.

셋째, 리더는 조직 내외에 형성되어 있는 다른 형식적 지식과 결합하여 새로운 형식적 지식을 만들어 낸다. 이를 연결화(Combination) 과정이라고 한다.

넷째, 구성원 각자는 새로 만들어진 형식적 지식의 실천을 확대해 나감으로써 내면화(Internalization)한다. 조직에 처음 들어온 신입사원은 일 잘하는 직원이나 경험이 많은 상사의 노하우나 암묵적 지식을 빨리 배워서 선임 직원과 동일한 아웃풋을 내놓아야 한다. 그러기 위해서는 조직의 암묵적 지식을 공유화하여 형식적 지식으로 만드는 일이 선결 과제다. 매뉴얼화된 형식적 지식이 완성되면 누구라도 매뉴얼에 따라 작업을 수행하고 동일한 품질의 아웃풋을 도출하게 된다.

독서

100세를 살고 계신 김형석 교수는 세계 역사와 문화는 독서하는 나라와 개인에 의해 만들어져 왔다고 진단했다.

독서하는 나라는 통상 세계의 문명을 선도해 나간다고 여겨지는 미국·영국·독일·프랑스·일본의 다섯 국가이다. 일반적으로 국민의 70% 이상이 독서에 열중하는 나라라는 것이다. 러시아는 톨스토이와 도스토예프스키 등 위대한 문인들을 배출했지만 1917년 볼셰비키 공산당 혁명 이후 온 국민이 마르크스·레닌 책 외에는 읽지 않은 탓에 세계 역사의 주도 그룹에서 탈락했다.

개인의 경우도 독서하는 리더는 어려운 상황에서도 궁극적으로 불행을 비켜나지만 독서하지 않은 지도자는 올바른 판단력에 이르지 못해 말년을 불행하게 보내는 경우를 역사에서 읽을 수 있다. 모택동은 중국의 지도자로서 기네스북에 제노사이드(Genocide) 1위에 오른 인물이며 평생 1만 권 이상의 독서를 했다. 모택동이 미국의 막강한 무기 지원을 받는 장개석과의 오랜 전쟁에서 승리한 것은 중국 인민들의 지지를 얻은 탓이다. 어려운 마르크스·레닌 사상을 민간 서민들이 즐겨 읽는 수호지의 인물과 내용으로 각색하여 비유적으로 설명함으로써 중국 인민들이 공산주의 사상을 친밀하게 받아들이도록 했다. 그 결과 천안문 광장에 내걸린 거대한 초상화의 주인이 되었다.

우리의 관심을 끌고 매력적인 일들이 도처에 널려 있는 현대 사회에서 독서는 그다지 매력적인 것이 못 된다고 여겨진다. 그러나 독서에 관심을 가진 사람과 그렇지 못한 사람은 5년이나 10년이 지나면 집중력과 공감 능력, 상상력 등에 큰 차이가 난다. 독서의 장점은 헤아릴 수 없지만 시간을 제외하고는 잃을 것이 없다. 프랑스 문학은 정신의 미묘한 변화를 섬세하게 기술하고, 독일 문학은 인간의 본질을 추구하는 특징이 있다. 러시아 문학은 자유와 고매한 사상을 추구한다.

청소년기에는 책을 많이 읽었는데 성인이 되어서는 독서를 하지 않는 사람들이 많다. 어른이 되면 다양한 감정을 경험하면서 삶의 고독을 경험하게 된다. 고독은 청소년기에 느껴 보지 못한 세계이다. 청소년기에는 삶의 고난보다는 꿈과 열정을 키우는 시기이다. 어른의 세계에서는 문학이나 판타지보다 철학과 역사 등의 주제가 적합하다. 따라서 청소년기에서 성인으로 넘어가면서 독서의 주제도 자연스럽게 바뀌는 것이 필요하다. 성인이 되어서도 문학과 판타지 등의 주제에만 빠져 있다면 파노라마처럼 펼쳐지는 인생의 굴곡을 이해하는 데 도움을 얻지 못할 것이다. 성공하는 사람의 특징은 구체적인 목표를 가지고 있으며 메모하는 기술을 가지고 있다는 점이다. 독서를 할 때 메모하지 않는 것은 의미가 없다. 우리의 기억은 그다지 오래가지 않기 때문이다. 스마트폰과 소셜 미디어를 잠시 멀리하고 자기 자신과 마주하는 시간을 가지는 것이 매우 중요하다.

볼테르는 "그 어떤 문제도 지속적인 생각의 공격을 당해내지 못한다"고 말했다. 책을 통해 시간과 공간을 초월하여 모든 분야의 시대적 위인들과 소통할 수 있다는 이 사실이 가장 큰 기적이다.

비전

아프리카에 서식하는 산양의 일종인 스프링벅(Springbuck)이라는 동물이 있다. 평온할 때는 풀을 뜯어 먹으면서 지내다가 앞쪽에 있던 양이 갑자기 뛰기 시작하면 뒤에 있는 무리들은 덩달아 달리는 습성이 있다. 뒤에서 거세게 몰아붙이니까 앞의 양들은 멈추려야 멈출 수 없이 달리게 된다. 오히려 더 빨리 달리게 된다. 그러다가 낭떠러지에 이르러 멈추지 못한 채 모두 떨어져 생을 마감하게 된다. 양들은 속도 감각만 있지 방향 감각과 목적 의식이 없기 때문에 이런 일이 발생하게 된다.

인생에서도 열정만 있고 비전과 목표가 없다면 산양과 다를 바가 무엇이겠는가. 삶의 방향과 목적을 찾는 것이 중요하다.

스프링벅

영감의 근육

인간의 무의식 가운데 있는 기억의 바다는 영감(Inspiration)의 원천이다. 영감은 유능한 기술이므로 기억의 바다에서 건져내서 신체 근력을 단련하는 것처럼 영감의 근육을 훈련하는 것이 중요하다.

중국의 정치가 구양수는 사색의 장소로 침상(枕上), 마상(馬上), 측상(厠上)의 세 장소를 들었다. 이는 베개를 베고 침상에 누웠을 때, 말을 타고 이동 중일 때, 화장실 안에 있을 때의 세 가지를 말한다. 신기한 것은 아이디어가 떠오르는 장소는 책상이 아니란 점이다. 번뜩이는 영감은 기다려주지 않는다. 언제 찾아올지 모른다. 게다가 생각이 났다가도 금세 사라진다. 인생을 살다 보면 번뜩이는 영감이 수없이 찾아오지만 그 영감을 제대로 포착하는 자는 많지 않다. 그 영감 중 한두 개라도 건져낼 수 있는 사람은 인생을 크게 바꿀 수 있을지도 모른다. 와이셔츠 주머니에 항상 포스트잇과 볼펜을 가지고 다니는 자는 언제 올지 모르는 한 조각의 영감도 놓치지 않겠다는 긍정적인 사고로 살아가는 자들이다. 포스트잇이 없었던 과거에 파스칼은 불시에 떠오르는 영감을 손톱에 적기도 했다.

누구나 승리를 원하지만 정작 승리를 손에 쥐는 사람은 그다지 많지 않다. 올림픽 경기에서 메달을 원하지 않는 선수는 한 사람도 없다. 그러나 그중에서 자신이 메달을 딸 것이라고 진정으로 기대하는 선수에게만 그 영광이 돌아간다. 그 이유는 메달을 원하는 것은 의식적인 열망이지만 메달을 기대하는 것은 무의식적인 신념[13]이기 때문이다. 이 둘 사이에는 엄청난 차이가 있다. 빙산은 10% 정도만 물 밖으로 드러나지만 90%가 넘는 거대한 얼음 덩어리는 물속에 잠겨 있다. 겉으로 보이는 빙산의 진행 방향을 결정하는 것은 물밑 얼음덩이다. 마찬가지로 10% 미만에 해당하는 인간의 의식 세계는 90%의 무의식 세계에 의해 지배된다.

박상영 선수는 리우데자네이루 올림픽 펜싱 경기에서 금메달을 획득했다. 당시 결승전에서 헝가리의 임레(Imre) 선수를 만나 10:14로 패색이 짙었던 상황에서 "할 수 있다, 할 수 있다, 할 수 있다"라는 되뇜 끝에 대역전승하며 금메달을 획득했다.[14] 박상영 선수는 패색이 짙은 현실 상황을 보지 않고 무의식의 세계에서 할 수 있다는 기대와 확신을 자신에게 심어준 결과 기적을 이뤘다.

피드백

'실패는 성공의 어머니'라는 말이 회자되지만 언제나 그런 것은 아니다. 하버드대 연구에 의하면 실패 경험이 있는 사업가가 실패하지 않고 승승장구한 사업가보다 반드시 더 나은 성과를 올리는 것은 아니다. 실패보다 중요한 것은 얼마나 신속하게 피드백에 반응하느냐이다. 실패에서 배운 것이 있다면 그것을 가지고 사색하고 사색하라. 배움이 없이 생각만 하는 것은 위험하다(思而不學則殆). 젊은 승려가 치는 종소리가 맑지 않은 이유는 미숙해서라기보다는 앞선 종소리가 돌아올 때까지 다음 종소리를 충분히 기다려 주지 않은 탓이다. 이것이 인내와 기다림의 미학이다.

최고 학교를 졸업했다는 것에 자아도취된다면 그 학교는 오히려 그 사람을 끌어내리는 것이 된다. 어느 대학 출신이라는 평판이 주는 가치는 졸업 후 수년이면 사라진다. 1등에 집착하지 말라. 혁신하는 3등이 인내하며 사색하면 대역전에 이른다. 성공의 심리학적 요소는 사람의 태도가 능력이나 자원보다 더 중요하다.

알파벳 순서대로 A:1, B:2, C:3, …, Z:26의 숫자를 붙여 보자. 어떤 단어의 알파벳에 붙여진 숫자를 더해 100이 되는 단어를 찾는다. hard work은 98이고, knowledge는 96이다, 그리고 love는 54, luck은 47, money는 72, leadership은 89이다, 단 attitude는 100이다. 인생에서 가장 중요한 것은 태도이다. 인생 성공 방정식을 다음과 같이 만들어 보자.

$$(IA+AA)\times A=IHP$$

여기서 IA는 선천적 특징(Inborn Attributes)으로 타고난 재능과 능력을 말한다. AA는 후천적 특징(Acquired Attributes)으로 스스로 익힌 지식, 기술, 재능, 경험, 능력 등을 말한다, A는 태도(Attitude)인데 일을 성취하고자 하는 마음가짐이다. IHP(Individual Human Performance)는 각 개인의 성과이다. IA와 AA는 그 크기가 사람마다 각각 제한적이지만 A의 크기는 무제한이다. 보통 수준의 IA와 AA를 가진 자가 비전을 품고 긍정적인 태도 A를 가지면 높은 성과를 가져온다. 이 방정식에서 IA와 AA가 아무리 출중하더라도 A=0이면 IHP=0이 된다는 사실을 깨닫는 것이 중요하다. 세간에서 어릴 때 선천적인 재능인 IQ가 170이 되고 후천적 재능이 인정된 사람이 성인이 된 후 존재감이 사라진 사례를 얼마든지 볼 수 있다. 인간의 일에 대한 태도가 성과를 결정하는 데 얼마나 중요한 것인지를 잘 보여 주고 있다.

지혜

공자는 지혜를 얻는 길은 사색·모방·경험이라고 말했다. 사색은 가장 고상하고 모방은 가장 쉽고 경험은 가장 어렵다.

정보 전달의 최소 단위인 비트(bit)로부터 시작하여 인식의 최고 단계인 지혜(Wisdom)에 이른다. 인식론의 마지막 정착지는 지혜이다. 꼭대기까지 올라가는 사람은 흔치 않다. 성경에는 지혜 있는 자 한 사람만 있으면 도시 전체를 구원하겠다고 하나님이 말씀하신다. 성경의 잠언서는 지혜서라고도 한다.

지식을 습득하고 더 이상 성장하기를 그친 사람들이 주변에 차고 넘친다. 그래서 교육받은 무지인(Educated Ignorance)란 말이 생겨났다. 지식은 수집된 정보를 가지고 보편적으로 활용하기 위해 체계화한 것이다. 따라서 지식을 의미 있는 정보라고 말한다. 특히 지식을 특허나 노하우, 데이터베이스 등의 형태로 변화시킨 자산을 경영자원이라고 한다. 코카콜라의 배합 비율이나 피자 등의 제조 비법은 제조 지식에 해당한다.

정보는 주어진 목적에 사용하기 위하여 정리된 다양한 자료로서 데이터에 대한 상황 설명이다. 가공하지 않은 정보는 쓸모가 없다.

정보를 필요한 지식의 형태로 전환시키면 가치와 수명이 늘어난다. 데이터는 사실을 설명하는 최소 단위이다. 바이트(byte)는 컴퓨터 시스템에서 8비트로 만들어지는 데이터 조각이다. 한 글자를 표현하는 데 1바이트가 필요하지만, 한글이나 한자 등은 한 글자를 표현하는 데 2바이트가 소요된다. 비트는 정보 전달의 최소 단위이다.

어떤 자가 소크라테스에게 어떻게 하면 지혜를 얻을 수 있는지 질문했다. 소크라테스는 그 젊은이를 냇가로 데리고 가서 머리를 물속에 넣고 필사적으로 숨을 쉬려고 할 때까지 머리를 눌렀다. 그 후 질문했다. "물이 머리에 잠겼을 때 무엇이 가장 필요하다고 생각했는가?" 젊은이는 공기라고 답했다. 소크라테스는 "물속에서 공기가 절실히 필요한 것처럼 지혜를 원했다면 지혜를 얻게 될 것이다. 지혜는 그것을 얻으려고 강렬히 소망해야 얻을 수 있다"라고 말했다.

모든 사람으로부터 무언가를 배울 수 있는 사람은 현명한 사람이다. 또한 사랑받기 원하는가. 만나는 사람의 장점을 칭찬하라. 가장 강한 사람은 자신의 감정을 지배하는 사람이다.

태양계의 행성을 기억하는 지혜로운 방법이 있다. "나의 지혜로운 어머니가 우리에게 피자 9판을 보내 왔다"라는 문장으로 태양계의 9개 행성을 순서대로 기억할 수 있다(My Very Educated Mother Just Sent Us Nine Pizzas)." 여기서 9개 행성은 수성(Mercury), 금성(Venus), 지구(Earth), 화성(Mars), 목성(Jupiter), 토성(Saturn), 천왕성(Uranus), 해왕성(Neptune), 명왕성(Pluto)이다.[15]

나사에서 1977년 우주를 향해 발사한 보이저 1호는 43년 세월이 지나면서 태양계를 벗어나 우주의 끝자락을 향해 지금도 날아가고 있다. 보이저 1호에는 미지의 세계에서 만날지도 모를 외계인을 위해 지구를 소개하는 12인치짜리 황금디스크가 실려 있다. 여기에는 지금까지 인류가 발명한 음악 장르에 따라 엄선된 27개 곡이 수록되어 있다. 그 음악 장르는 클래식, 오케스트라, 피아노, 바이올린, 실내악, 성악으로 나누어진다. 그중 1/4이 클래식인데 7곡 가운데는 바흐 3곡, 베토벤 2곡, 모차르트 1곡, 스트라빈스키 1곡이 포함되어 있다.

바퀴의 중심살과
바퀴살

    우산의 중심이 허브(Hub)이고 사방으로 펼쳐지는 살이 스포크(Spoke)이다. 시장의 출현은 바퀴의 중심살과 바퀴살(Hub and Spoke)로 설명된다. 허브 공항(Airline Hub) 또는 거점 공항은 그 지역의 구심점이 되는 공항을 말한다. 공항뿐만 아니라 유통, 통화, 항구, 증권거래소에도 허브 개념이 적용된다.

1) 유통

100개 제조업체와 1만 개의 소매점의 경우 직접 양자가 거래하면 100만 건의 거래가 필요하다. 거래 비용과 유통 비용이 크게 증가한다. 도매상이 개입하여 허브 기능을 담당하면 제조업체와 도매상의 거래는 100건으로 줄어든다. 결국 도매상과 소매점의 거래 1만 건을 합하면 1만 100건의 거래로 축소된다.

2) 공항

항공업계에서의 허브 공항 경쟁이 치열하다. 일본의 100개 공항과 미국의 300개 공항을 모두 연결하는 것은 불가능하다. 제주에 있는 사람이 텍사스주 휴스턴에 살고 있는 아들 집에 가는 경우 한국의 허브 공항인 인천 공항으로 간 뒤 미국의 허브 공항인 LA 공항으로 간다. 다시 그곳에서 미국의 국내선으로 갈아타고 최종 목적지로 간다.

아시아에서도 허브 공항 경쟁이 치열하다. 말레이시아의 쿠알라룸푸르 공항, 싱가포르의 창이 공항, 한국 인천 국제공항 등이 앞뒤를 다툰다. 허브 공항을 거점으로 항공사 간 네트워크 경쟁이 심화된다. 중요한 허브 공항을 확보하고 고객에게 얼마나 편리한 네트워크를 제공하는가가 중요한 경쟁 사항이 된다.

3) 항구

항구에서도 허브 항구 경쟁이 치열하다. 한국의 부산, 홍콩, 싱가포르 항구는 일본의 고베나 요코하마 항구보다 허브 항구로서의 기능이 앞서 있다.

4) 통화

달러는 기축 통화이면서 허브 기능을 한다. 기축 통화가 없는 경우 100가지 통화가 있다면 4950번(100×99/2)의 각자 거래가 있어야 한다. 이때 달러가 허브 기능을 한다. 예를 들어, 멕시코 통화인 페소를 태국 통화인 바트로 바꾸려면 미국 달러로 먼저 바꾼 후 다시 바트로 교환하게 된다. 100가지 통화가 각각 달러로 교환되면 거래는 100번이 된다. 다시 달러를 100가지 통화 중 원하는 통화로 교환하게 되면 100번의 거래가 추가된다. 결국 기축통화가 없을 때 4,950번이었던 거래가 200번으로 줄어든다.

그밖에 허브 언어, 허브 증권거래소 등 모든 기능이 이와 관련된다.

허브(Hub)와 스포크(Spoke)

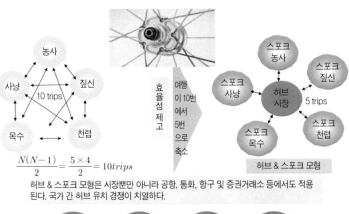

$$\frac{N(N-1)}{2} = \frac{5 \times 4}{2} = 10 trips$$

허브 & 스포크 모형은 시장뿐만 아니라 공항, 통화, 항구 및 증권거래소 등에서도 적용된다. 국가 간 허브 유치 경쟁이 치열하다.

뇌의 세 영역

인간의 뇌는 대뇌피질(Cerebral Cortex), 번연계(limbic system), 파충류 뇌(Reptilian Brain)로 구성되어 있다.

대뇌피질은 대뇌의 표면에 위치하는 신경세포들의 집합이다. 인간의 사고, 계획 등의 정신작용이 일어나는 곳이다. 번연계는 귀 바로 위쪽에 존재한다. 대뇌피질이 지성적인 부분을 담당한다면 감성적 기능은 번연계의 몫이다.

번연계는 해마, 편도체(Amygdala) 등으로 이루어져 있고 감정, 동기 부여 등의 기능을 담당한다. 파충류 뇌는 호흡, 체온 조절 등 인체의 기본적 행위를 담당한다. 파충류 뇌는 인풋(Input)이 있으면 아웃풋(Output)이 있는 뇌 공간이다. 이곳에서는 대뇌피질이나 번연계의 말을 듣지 않고 본능에 따라 행동하려는 성향을 가진다. 반면 번연계는 파충류 뇌와 대뇌피질 뇌의 중간에 위치하면서 두뇌의 결정을 기다리고 미루는 공간이다. 대뇌피질은 합리적이면서도 논리적인 뇌 영역이다. 대뇌피질의 공간은 장기간의 계획을 세우는 곳이다.

오늘날 인간 뇌의 세 영역 가운데 파충류 뇌는 2억 년 전 인류의 뇌와 거의 같다고 한다. 오랫동안 우리의 동반자 역할을 해온 파충류 뇌는 우리의 기본적인 기능과 본능을 통제한다. 식욕과 갈증 같은 기본적인 행동부터 섹스, 폭력과 같은 생존에 직결되는 원시적인 행동, 그리고 흡연자가 폐암으로 죽을 수 있다는 것을 알면서도 담배를 피우는 것도 파충류뇌가 결정한다. 이때 대뇌피질, 즉 두뇌의 논리적인 부분이나 번연계가 끼어들 자리도 없다.

세 가지 뇌의 공간

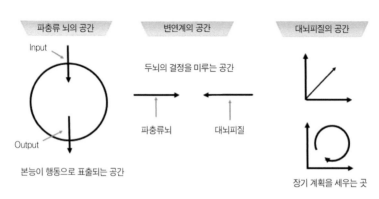

파충류 뇌가 지배하는 사람은 외향적이고 활발하며 사람들에게 금방 다가갈 수 있는 친근함과 개방적인 성격을 지닌다. 그러나 이런 개방적인 성격은 가식적이다. 때로는 공격적이고 쉽게 화를 내는 경향이 있다. 파충류 뇌는 분노, 괴로움, 공포를 통제하지 못한다. 또한 주변 사람들의 욕구를 수용하거나 공감하지 못한다. 파충류 뇌는 다른 두 영역의 뇌를 이길 수 있다. 이 욕구에 의해 인간은 최고의 생존 기회를 자손에게 제공할 유전자를 가진 사람에게 육체적 매력을 느끼고 육체적 건강, 재정 상태, 친절함, 지성 등 요건에 맞는 사람을 찾는다.

파충류 뇌는 대뇌피질과 번연계와 상호작용하면서 인간의 기본적인 본능을 행동으로 표출한다. 그러나 파충류 뇌 단독으로는 상황이 옳은지 나쁜지를 구별하지 못하고 감정을 느끼거나 사고하는 기능도 하지 못한다. 감각이나 반응에 따른 자극을 그냥 받아들일 뿐이다. 클린턴은 자신의 불륜을 솔직히 털어놓으면 지금까지 일궈 놓은 경력이 위태로울 수 있다는 사실을 잘 알고 있었다. 거짓말과 속임수는 생존을 위한 중대한 전략이다. 클린턴의 대뇌피질이 행동의 결과를 피하기 위해 의식적으로 거짓말을 하기로 결정한 것이다.

파충류 뇌가 지배한 사례는 또 있다. 비행기 추락 사고에서 우루과이 럭비 선수들이 먹을 것이 없어서 팀 동료의 사체를 먹도록 자극한 것이 파충류 뇌의 욕구다. 또한 미성년자와 불륜을 지지르도록 자극하는 것, 타이슨이 홀리필드의 귀를 물어뜯어 권투 시합에서 참패를 당하게 된 것도 파충류 뇌의 욕구다. 파충류 뇌를 가공하지 않은 다이아몬드라고 한다면 여기에 광택을 가하는 것이 번연계이다. 마지막으로 광택이 나는 다이아몬드를 최상의 제품으로 가공하는 것이 대뇌피질이다. 대뇌피질을 사용하는 문화는 기본적인 파충류 욕구를 받아들인 다음 그것을 가지고 아름답고 세련된 삶을 만들어 나간다. 음식을 먹고 잠을 자는 일부터 섹스를 하고 화장실에 가는 일까지 모든 것이 파충류 뇌의 행동이다. 그리고 이런 기본적인 욕구를 더 수준 높은 쾌락인 예술로 바꾸는 일이 대뇌피질의 임무다.

변연계의 공간은 파충류 뇌와 대뇌피질 사이에 있다.

가톨릭교회와 성당은 하나님의 위엄을 나타내는 양식으로 정교하게 장식되어 있다. 이는 가톨릭교회가 파충류 뇌의 욕구와 같은 인간의 감정에 직접 호소하고 고통과 쾌락, 천국과 지옥을 표현함으로써 본능을 자극하는 공간임을 드러낸다.

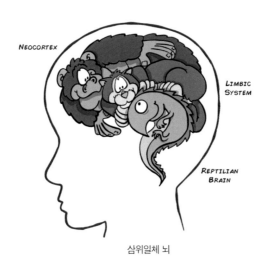

삼위일체 뇌

반면 개신교나 유대 교회당에는 성상이나 이미지가 전혀 없다. 추상적인 개념과 사색에 관한 것만 있고 배우고 모이는 공간이다. 이 공간에서의 삶은 깨달음에 있다. 이는 변연계의 공간이며 끈기 있게 기다려야 한다.

미국 문화에서 에너지는 파충류 뇌의 차원이 강하다. 먼저 총을 쏘고 나중에 생각한다는 식으로 일단 행동하고 난 다음 생각하는 문화다. 미국은 황량한 서부의 땅을 서로 차지하려고 경쟁하는 문화에서부터 개인의 총기 소지 권리를 지키기 위한 끝없는 투쟁에 이르기까지 총기 문화에 기반을 두고 있다. 나이키의 광고 카피 '그냥 한번 해 봐(Just do it)!'는 두 번 다시 생각하지 말고 그냥 실행에 옮기라는 뜻이다. 반면 라틴 아메리카 문화에서 시간은 대부분 변연계 차원이 강하다. 예를 들어 스페인에는 일하고 난 후나 친구와 만나기 전 잠시 낮잠을 자는 시에스타(Siesta) 문화가 있다.

시에스타 문화

스페인 문화의 영향으로 수많은 라틴 아메리카 국가들에서도 시에스타 문화를 볼 수 있다. 예외적으로 포르투갈의 지배를 받은 브라질에만 시에스타 문화가 없다.

이 세 가지 뇌는 상호 친밀하게 작용하고 있지만 항상 서로 협력하는 것은 아니다. 가장 높은 수준의 구조물, 즉 대뇌피질이 하위 수준의 뇌를 통제할 수 있어야만 정상이다.

하지만 폭력처럼 하위 수준의 파충류 뇌가 상위 수준의 뇌를 오히려 장악하는 경우를 자주 목격한다.

뇌 진화의 네 번째 단계는 가장 최근에 진화된 전두엽이다. 전두엽은 대뇌피질의 약 3분의 1을 차지한다.[16] 전두엽은 기억력·사고력 등의 행동을 관장하며 다른 영역으로부터 들어오는 정보를 조정하고 행동을 조절한다.

지식의 특징

재화는 대부분 경쟁적이다. 재화의 총량이 일정하기 때문에 한 사람이 소비한 재화만큼 다른 사람이 소비할 수 있는 재화량은 줄어든다. 어떤 사람이 초콜릿을 한입 먹거나 자동차 여행을 떠난다면 다른 사람이 먹을 수 있는 초콜릿과 다른 운전자가 주유할 수 있는 기름이 그만큼 줄어든다. 이러한 재화를 소비할 때 소위 경쟁(Competitiveness)이 발생한다.

그러나 지식은 비경쟁적이어서 한 사람이 지식을 사용하더라도 다른 사람이 사용할 수 있는 지식이 줄어들지 않는다. 이것이 지식의 첫 번째 특징이다. 지식을 이용해 문제를 해결한다고 해서 다른 사람이 이용할 지식이 줄어들지 않는다. 둘째, 재화는 대부분 배제적이지만 지식은 비배제적이다. 돈을 내지 않은 고객에게는 재화를 반복 소비할 수 없도록 막는다. 아이스크림을 한 개 더 먹으려면 다시 돈을 내야 한다. 그러나 어떤 지식을 소유하고 있으면 추가 비용을 지불하지 않고도 얼마든지 그 지식을 반복 사용할 수 있다. 예외적으로 코카콜라 제조 비법에 대한 지식은 철저하게 배제적이다. 핵심 오너만이 그 비법을 알고 있다. 이는 경쟁자들이 알고 싶어 하는 지식이지만 알아내지 못하게 배제하는 데 성공한 지식이다. 셋째, 지식은 비경쟁적이기 때문에 사용해도 줄어들지 않는다. 오히려 여러 번 사용될수록 지식의 가치는 늘어난다. 교사의 학급 운영법, 의사의 증상 치료법, 컨설턴트가 알아낸 회사 운영법, 기자의 기사 작성법 등은 사용할수록 확대되고 풍부해진다. 확대된 지식은 누구나 사용할 수 있다. 이를 '거인의 어깨 위 효과'라 한다. 어린이라도 거인의 어깨 위에 서면 거인보다 더 멀리 볼 수 있지 않겠는가. 넷째, 지식은 디지털화할 수 있다. 지식을 디지털 형태로 변환해 컴퓨터로 처리할 수 있다. 전 세계에 저장된 형식적 지식 중 디지털화된 지식의 비중은 2000년 25%에서 오늘날 98%에 이른다. 단 암묵적 지식(Implicit Knowledge)은 형식적 지식(Explicit Knowledge)으로 변환한 다음 이를 디지털화하는 것이 필요하다.

혁명

18세기 유럽 전역에 유행했던 계몽주의 사상은 미국의 독립전쟁과 프랑스 혁명에 지대한 영향을 미쳤다. 계몽주의 사상은 과학 혁명을 동반했으며 전제군주제와 봉건제를 포함한 구체제를 대부분 파괴했다.

혁명은 과거의 관습이나 제도를 근본적으로 깨뜨리고 새로운 질서를 만드는 것을 의미한다. 역사적으로 이러한 갑작스러운 변화는 수만 년에 걸쳐 전개되었다. 지구상에 존재하는 식물의 개수는 30만 종, 동물은 150만 종으로 알려져 있다. 그중에서 인간이 노동력과 고기, 가죽, 옷 등으로 활용할 수 있는 동물 종은 불과 12종류(소·돼지·양·염소·말·낙타·거위·개·오리·닭·칠면조·토끼)에 불과하다.

1만 년 전 수렵 채취 생활을 하던 인류는 농경 생활이라는 첫 번째 큰 변화를 맞았다. 인류는 이들 동물을 가축으로 키우면서 생산·운송·의사소통 목적에 활용했다. 농업 혁명 이후 18세기 중반부터 일련의 산업 혁명이 일어났다. 인간의 노동력이 기계의 힘으로 옮겨 가는 엄청난 변화가 일어났다. 1차 산업 혁명(1760~1840년경)은 와트를 중심으로 증기, 물 그리고 기계적 생산 장치들을 통하여 인간

삶에 기계적 혁명을 가져왔다. 2차 산업 혁명(19세기 말~20세기 초)은 에디슨, 포드 등에 의해 이루어졌다. 분업, 전기, 그리고 생산 조립라인을 통한 대량 생산을 가져왔다. 1960년대에 이르러 발생한 3차 산업 혁명은 반도체와 PC(1970~1980년대), 인터넷(1990년대) 등의 분야에서 급속히 진행되었다. 이를 통해 전자, 정보기술, 그리고 자동화된 생산을 이루게 되었고 인간의 삶에 디지털 혁명을 가져왔다. 빌 게이츠의 PC 발명은 4차 산업 혁명의 기폭제가 되었다. 컴퓨터 혁명 혹은 디지털 혁명으로 불린다.

4차 산업 혁명은 이러한 디지털 혁명에 기반하여 인공지능, 로봇공학, 자율주행기능, 사물인터넷, 나노기술, 생명공학, 그리고 가상 물리시스템을 통하여 이전의 산업 혁명과는 다른 수준의 혁명을 가져올 것으로 예상된다. 건강 증진을 위해 심장 박동, 운동량 등의 정보를 인간에게 제공한다. 모빌리티(Mobility, 이동성)가 사물인터넷의 심장이라면 클라우드 컴퓨터 환경은 사물인터넷의 백본(Backbone, 근간)이다. 클라우드 컴퓨팅(Cloud Computing)은 정보를 구름 속에 보관한다는 의미를 가진다. 정보를 본체 컴퓨터가 아닌 다른 컴퓨터로 보내 처리하는 기술을 의미한다. 클라우드 컴퓨팅 환경은 사물인터넷 및 스마트폰 등으로부터 실시간 전송되는 정보를 저장하고 분석하는 인프라이다. 웨어러블 인터넷(Wearable Internet)은 인터넷이 연결된 의류를 착용하는 것이다. 옷, 안경, 신발 등에 인터넷이 연결돼 자기관리 의료가 실현됨으로써 더 건강하게 장수할 수 있는 시대가

도래한다. 집에서 약물 복용, 원격 진료가 가능하고 환자의 입원 일수가 줄어들며 간호사, 병리사 등의 직업이 대체될 것이다. 4차 산업 혁명은 과거의 산업 혁명과는 속도와 범위, 그리고 시스템 충격 면에서 확연히 다르다. 속도 면에서 과거 산업 혁명이 선형적이었다면 4차 산업 혁명은 기하급수적이다. 클라우스 슈밥이 4차 산업 혁명이란 용어를 처음 사용했다.

4차 산업 혁명의 특징이 인간의 삶에 미치는 영향은 다음과 같다.

첫째, 상업화된 모래 한 알만 한 인체 내 삽입형 모바일폰이 등장한다. 위치와 행동을 모니터링(Monitoring)하고 건강 기능을 확인할 수 있다. 질병의 인자를 감지해 조치를 즉각 취할 수 있도록 해주고 모니터링 센터로 데이터를 전송하고 치료약을 자동으로 인체에 투여하도록 한다. 긍정적 효과로는 실종 아동이 사라지고 건강관리가 쉬워지며 수명이 연장되는 것을 들 수 있다. 개인의 프로파일링(Profiling, 건강·경제 상태·업무 처리 현황·취향·관심 분석 등)이 생성된다. 부정적 효과로는 사생활 침해와 감시 가능성이 제기된다. 3대 소셜 미디어 사이트(페이스북, 트위터, 인스타그램) 인구의 활동적 이용자 수가 15억을 넘는다. 이는 중국(13억), 인도(12억), 미국(3억)의 인구보다 많다.

둘째, 과학 기술이 개인의 사적인 영역으로 이동한다. 처음에는 큰 방에 컴퓨터를 두었다가 책상으로 옮겨졌고 그 후 무릎으로 자리를 옮겼다. 이제는 주머니 속 모바일폰에 담기게 되었다. 머지않아 의류와 장신구에 내장될 것이다. 유비쿼터스(Ubiquitous) 컴퓨팅의 발전으로 언제 어디서나 인터넷 접속이 가능하다. 헬스 케어와 전자상거래가 확대된다. 사물인터넷(Internet of Things)으로 1조 개의 센서가 물류와 기계, 도구, 장비, 사회기반시설, 식품, 비행기에 내장되어 인터넷과 연결된다. 신호등 없는 도시가 등장한다.

셋째, 빅데이터의 활용으로 산업 분야와 애플리케이션에서 더욱 빠르고 나은 의사 결정을 내릴 수 있다. 자율주행 자동차로 인해 운전사 직업이 위협받는다. 교통 혼잡을 줄이고 배기가스 발생이 낮아진다. 4차 산업 혁명의 상징은 자율 주행차이고 원동력은 인공지능과 빅데이터이다. 인공지능의 대표 사례는 음성 비서이다. 또 다른 사례는 계산대 없는 마트이다. 아마존 마트는 손님들이 물건을 산후 정산 과정 없이 매장 밖으로 나가는 깜짝쇼를 선보였다. 손님들이 무엇을 사는지 자동으로 파악해서 아마존 앱에 구매 물품 목록이 추가되며 쇼핑 금액은 아마존 계정으로 청구된다.

항공기의
이륙과 착륙

비행기의 안전한 이착륙을 위해 공항에 만들어진 활주로는 기본 활주로(Runway)와 여유 공간으로 만들어진 과주대(Overrun Area)로 구분된다. 기본 활주로와 과주대의 전체 길이는 A등급에서 J등급까지 다양하다. 대부분 A등급에 속한 활주로를 이용하는데 길이가 2,550m 이상이다. 가장 짧은 J등급 활주로는 길이가 100~500m이다.

이처럼 활주로는 비행기가 안전한 이착륙을 하도록 충분한 거리를 확보하여 건설되어 있다. 비행기가 위급한 사고로 인해 이륙을 포기하는 것을 이륙 중지(RTO, Rejected Take-off)라고 한다. 활주로에 이상 물체가 있다든가 버드 스트라이크(Bird Strike)와 같이 제트 엔진에 이물질이 들어가 고장을 일으킨 경우에는 이륙을 포기한다.

항공기는 이륙할 때 양력(Lift)을 얻기 위해서 최대한의 속도가 필요하지만 반대로 착륙할 때는 양력을 잃어버리지 않도록 최소한의 속도를 가져야 한다.

항공기의 이륙속도는 항공기의 무게와 날씨 상황에 따라 달라진다. 항공기가 이륙할 때는 V1(이륙결심속도), VR(이륙전환속도, Take-Off

Rotation Speed), V2(고도를 높여서 상승할 수 있는 속도) 등 단계적으로 속도를 증가시킨다.

V1은 이륙결심속도(Decision speed)인데 이 단계에 진입하고서는 이륙을 포기할 수 없다. 이륙 결심 속도에서 제동을 하면 활주로를 이탈하거나 바퀴가 펑크 난다. 이륙결심속도를 통과했을 때는 기체 결함이 나타났더라도 일단 이륙을 하고 나서 착륙 여부를 결정해야 한다.

비행기가 정상적으로 이륙한 후 동체가 활주로로부터 35ft(피트, 10.7m)에 도달했을 때 이륙이 완료된 것으로 판정된다.

이후 비행기는 고도를 계속 상승하여 순항고도에 다다른다. 이때의 속도를 순항속도(Cruise Speed)라고 하며 장거리순항속도로 비행하게 된다.

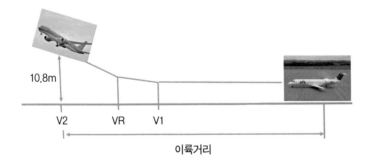

항공기 운항과 관련하여 '마의 11분(Critical 11 Minutes)'이라는 말이 있다. 항공기의 전체 운항 시간 가운데 이륙할 때 3분과 착륙할 때의 8분이 가장 중요하다는 의미다. 항공기 사고를 분석한 결과에 의하면 11분 사이에 항공 사고가 가장 많이 발생한다.

'이륙과 착륙 가운데 어느 쪽이 더 위험한가'라는 설문조사에서 기장과 부기장 조종사들은 착륙할 때보다 이륙할 때 더 위험하다고 답변했다.

항공기의 이륙속도는 시속 300킬로미터 이상이지만 착륙 속도는 이보다 적은 200킬로미터이다. 이륙속도가 착륙속도보다 빠르기 때문에 위험도 더 커진다. 또한 이륙 시에는 연료를 가득 실은 상태이고 착륙 시에는 연료가 소진된 상태이기 때문에 이륙 시 위험이 더 크다고 본다. 실제 항공 사고 사례를 보더라도 착륙할 때보다 이륙할 때 발생한 사고가 더 많은 인명 손실을 가져왔다.

오컴의 면도날

오컴의 면도날(Occam's Razor) 이론은 '경제성의 원리(Principle of economy)' 또는 '단순성의 원리'라고 한다. 이 명제는 논리의 단순성을 강조하는 과학계에서도 중요 지침으로 받아들여지고 있다.

오컴의 면도날 이론이 주장하는 바에 따르면 훌륭한 설명은 주장의 근거를 많이 요구하지 않는다는 것이다. 똑같이 훌륭한 두 가지 설명 가운데 하나를 선택해야 한다면 보다 간단한 설명이 더 낫다. "단순한 것이 더 낫다(The Simpler, the better)"라는 말은 단순한 설명일수록 진리에 가깝고 더욱 아름답다는 논리이다. 현상을 설명하는 데 가정은 최소화되어야 하며, 불필요한 가정은 면도해 버려야 한다는 의미다.

소동파는 "물 긷는 아낙에게 내가 지은 시를 들려주고 무슨 말인 줄 모른다면 그 시는 시가 아니다"라고 말했다. 성경에도 "예수께서 가버나움 회당에서 가르치실 때에 제자 중 여럿이 듣고 말하되 이 말씀은 어렵도다 누가 들을 수 있느냐 하며 … 제자 중에 많이 물러가고 다시 그와 함께 다니지 아니하더라"라는 말씀이 있다. 예수님의 가르침조차도 이해가 어려우면 사람들은 듣지 않는다.

스티브 잡스는 스탠포드대학교 졸업식의 연설에서 "끊임없이 갈망하라. 늘 바보 같은 마음으로 배워라(Stay hungry, stay foolish)"라는 간략한 한 문장으로 자신의 연설을 마무리했다.

잡스는 2004년 췌장암 판정을 받고 죽음의 문턱을 넘는 경험을 통해 더 성숙하게 되었다. 인생에서 중요한 결정을 할 때 가장 도움이 된 것은 이제 곧 죽을지도 모른다는 생각이다. 주위의 기대와 자부심, 수치스러움과 실패에 대한 두려움도 죽음 앞에서는 다 사라지고 정말로 중요한 것만 남는다. 그는 스탠퍼드대학 졸업식에서 "여러분 인생의 시간은 정해져 있습니다. 남의 인생을 사느라 시간을 낭비하지 마십시오. 세상의 상식이라는 틀에 걸려들지 마십시오. 남의 의견이라는 잡음에 내부의 목소리가 지워 없어지게 하지 마십시오. 가장 중요한 것은 여러분의 마음과 직관을 따를 용기를 갖는 것입니다. 마음과 직관은 여러분이 정말로 무엇이 되고 싶은지 알고 있습니다. 나머지는 모두 나중 문제입니다"라고 말했다. 빌 게이츠도 하버드대학교 졸업식장에서 명예졸업장을 받으면서 "남보다 한발 앞서 출발하고 더 오랫동안 노력을 지속하라(Start sooner, carry on longer)"라는 핵심적인 메시지를 남겼다.

그리고 아인슈타인은 $E=MC^2$이라는 수식으로 자신의 이론을 표현했다. 자본 시장의 원리를 한마디로 정리하면 '공짜 점심은 없다(No free lunch)'이다. 이는 '고통 없이 얻어지는 것은 없다(No pains, no gains)'라는 말과 일맥상통한다. 자본 시장에서 어떤 이득도 대가를 지불하지 않고서 얻어지지 않는다는 의미이다.

리더십의 정의가 수백 가지에 이르지만 한 단어로 나타내면 '영향력(Influence)'이다.[17] 문제나 기회가 어렵고 방대하고 복잡할수록, 또한 지금 처한 환경이 빠르게 변하고 경쟁적일수록 이를 단순하게 접근하여 해결책을 찾는 것이 중요하다. 그러나 아인슈타인은 간단히 하되 더 이상은 간단히 하지 말라고 했다.

오컴의 면도날(Ockham's Razor)

경제성의 원리(Principle of Economy) 또는 사고 절약의 원리(Principle of Parsimony)
"단순한 것이 더 낫다(The simpler, the better)"
단순한 설명일수록 진리에 가깝고 더욱 아름답다는 논리다.
소동파는 "내 시가 물 긷는 아낙에게 내 시가를 들려주고 무슨 말인 줄 모른다면 그 시는 시가 아니다"
라고 했다.
The road to hell is paved with adverbs.

| $E = MC^2$ | 공짜 점심은 없다 (No free lunch) | 고통 없이 얻어지는 것은 없다 (No pains, no gains) | 영향력(Influence) |
| 아인슈타인 | 자본시장의 원리 | 삶의 진리 | 리더십의 정의 |

스티브 잡스의 스탠퍼드대학교 졸업식 연설
"끊임없이 갈망하라. 늘 바보 같은 마음으로 배워라(Stay hungry, stay foolish)."
빌 게이츠의 하버드대학교 졸업식 연설
"남보다 한발 앞서 출발하고 더 오랫동안 노력하라(Start sooner, carry on longer)."

호모 사피엔스[18]

사피엔스(Sapiens)는 '슬기로운 사람' 또는 '생각하는 사람'의 의미로 현생인류의 조상에 해당하는 종을 말한다. 호모 사피엔스(Homo Sapiens)가 지구상의 유일한 종이 아니다. 인간(Human)이란 말의 의미는 '호모속에 속하는 동물'이다. 호모속에는 사피엔스종 외에 문명화되지 않은 많은 사촌들이 있다는 것이다.

인류의 기원은 약 700만 년 전 아프리카에서 시작되었다. 그러나 본격적인 진화는 약 250만 년 전 오스트랄로피테쿠스에서 시작되었다. 이들 원시인의 일부가 고향을 떠나 북쪽 지방으로 여행을 시작하여 북아프리카를 거쳐 유럽과 아시아의 넓은 지역으로 건너갔다. 그러나 50만 년 전 까지 아프리카에 남아 있던 종과 유럽, 그리고 아시아의 두개골들 가운데 현대인의 두개골과 상당히 유사한 것들이 발견되고 있다. 따라서 이들을 현생인류의 조상인 호모 사피엔스로 분류한다.

한편 유럽으로 이동한 원시인들은 하루 30~40킬로미터씩 이동하여 유럽에 정착했을 것으로 보고 있다. 서울에서 분당까지가 30여 킬로미터가 되니까 그만한 거리를 매일 맨발로 의복도 없이 걸었을 것으로 추정한다. 그 당시 아직 유럽의 빙하기가 닥치지 않았으므로 충분히 가능했다. 지역에 따라 살아남기에 좋은 특질로 진화했을 것으로 본다.

예를 들어 북유럽의 눈 덮인 숲이나 인도네시아의 찌는 듯한 정글에서는 각기 그 환경에 적응할 수 있는 체질로 특화되었다고 본다. 그 결과 유럽에서는 호모 네안데르타르시스, 아시아는 호모 에렉투스, 인도네시아는 호모 솔로엔시스 등의 종들이 서식하게 되었다. 유럽에 정착하여 수십만 년 동안 유럽을 독차지하면서 진화해 왔던 네안데르타르인들이 갑자기 4만 년 전에 자취를 감추었다.

호모 사피엔스

네안데르타르인의 멸종 원인은 현대적인 골격을 가지고 월등한 기술과 두뇌를 가진 크로마뇽인의 출현에서 찾을 수 있다. 유럽에 빙하기가 닥치자 바늘을 사용할 수 있었던 크로마뇽인들은 짐승의 가죽으로 옷을 만들어 입고서 추위를 효과적으로 이겨낼 수 있었다. 반면 바늘을 만들어 쓸 수 없었던 네안데르탈인은 추위로부터 생존이 불가능했을 것이다. 이는 유물에서 증명되고 있다.

인간과 동물의 차이는 어미의 자궁에서 태어날 때부터 구별된다. 포유동물은 어미의 자궁에서 나올 때 마치 유약을 바른 채 구운 상태로 나오는 도자기와 같다. 완제품이 탄생하므로 불완전하지만 태어나자마자 풀밭을 뛰어다닌다. 그러나 인간은 용광로에서 막 꺼낸 유리덩어리 같아서 오랫동안 세심하게 보살피고 교육시켜야 한다.

인류의 발전 과정은 수렵채취인 시대가 지나면 농경 시대로 들어간다. 인류가 농경 시대를 시작한 것은 불과 1만 년밖에 되지 않는다. 최초 인류가 700만 년 전에 탄생하였다면 인류는 699만 년 동안이나 수렵채취 생활을 했을 것으로 추정된다. 초등학교 운동장 크기의 농지를 개간하여 벼농사를 매년 짓는 농경 시대의 농부와 수렵채취 원시인을 비교해 보자. 누가 더 안정되고 풍요로운 삶을 살게 되었을까. 수렵채취 원시인은 끊임없이 사냥을 하고 열매를 채취해서 가족을 먹여 살려야 한다. 그리고 며칠이 지나면 사냥감이 줄어들고 따먹을 열매도 없어진다. 수렵채취인들은 굶주리지 않기 위해 사냥감이 많은 다른 장소로 이동해야 한다. 매년 고달픈 생활이 반복된다. 그러나 농부는 안정되게 집을 짓고 주어진 농토에서 봄에 파종하고 가을에 추수하는 생활을 반복한다. 가을에 추수한 농작물은 창고에 보관하고 풍족하게 생활을 누리게 된다. 그러므로 농경 생활로의 변천은 수렵채취 생활을 하던 인류에게는 농업 혁명으로 불리기에 충분하다.

성경에서 야곱과 그의 형 에서의 삶을 비교해 보자. 야곱은 농부였고 에서는 전형적인 수렵채취인으로서 사냥꾼이었다. 에서는 하루 종일 사냥감을 찾기 위해 숲속을 누비고 있다. 야곱은 농사를 짓고 늘 풍성한 곡식으로 안정된 삶을 누리고 있다. 어느 날 에서는 한 마리도 사냥하지 못한 채 허기진 배를 움켜쥐고 팥죽을 끓이고 있는 야곱을 찾아와 팥죽 한 그릇을 달라고 구걸한다. 이 예를 보더라도 농부의 삶은 사냥꾼의 삶보다 풍족하다는 것을 알 수 있다.

16세기에서 18세기에 걸쳐 미국은 아프리카 노예를 미국으로 수입해 대규모 농장에서 일을 시켰다. 링컨의 노예해방이 이루어진 후에도 미국의 인종차별은 계속되었다. 미국의 남부 사람들이 가장 혐오하는 일은 흑인 남성이 백인 여성과 성관계하고 결혼하는 것이었다. 흑백 간의 성관계는 가장 큰 금기가 되었고 이를 어길 경우 흑인에게 죄를 물어 린치라는 형태로 즉결 처분을 받게 했다. 그런데 그 당시 노예 시장에서 찍힌 한 장의 흑백 사진에 의하면 죄는 흑인 남성이 아니라 백인 여성에게 물어야 할 것이다. 이 사진을 보면 나체의 흑인 노예들이 노예 시장에 매물로 전시되어 있다. 상인은 노예의 근육을 가리키며 농장에서 힘든 일을 잘할 수 있는 노예라고 큰소리로

선전하고 있다. 이때 백인 귀부인이 노예에게 다가와 근육을 보는 것이 아니라 노예의 국부만을 유심히 바라보고 있는 사진이었다. 이 백인 귀부인은 농장에서 일을 잘할 수 있는 노예를 찾는 것이 아니라 성노예를 구하고 있음을 보여 준다.

지혜의 여신

역사가 인류에게 이익이 되는 방향으로 작동한다는 증거는 없다. 이는 "미네르바의 부엉이는 황혼녘에 날기 시작한다"라는 철학자 헤겔의 주장과 같다. 지혜의 여신인 미네르바의 부엉이는 새벽에 나타나 인류에게 교훈을 주면 좋으련만 모든 일이 실패와 재앙으로 끝난 후에 나타나 훈수를 둔다는 의미다. 1차, 2차 세계대전이 그랬고, 글로벌 금융위기가 그러했다. 1차 대전의 비극을 교훈 삼아 다시는 전쟁이 되풀이되지 않았어야 함에도 지혜의 여신은 침묵했다. 인류는 다시 2차 세계대전이라는 참혹한 전쟁의 소용돌이 속으로 빠져 들었다. 2008년의 글로벌 금융 위기도 그러했다. 사전에 그 많은 노벨경제학상을 받은 저명한 학자 가운데 어느 누구도 위기에 대한 대비를 경고하지 않았다. 앞으로 얼마나 더 이런 시행착오를 겪어야 할 것이며 소 잃고 외양간을 고치는 일을 반복해야 것인가.

미국의 국방력

미국은 세계 최강의 국방력을 갖춘 나라이다. 미국은 본국과 적대 관계에 있는 전 세계 모든 국가와 전쟁을 벌인다고 가정하더라도 지지 않을 만큼 막강한 국방비와 전투력을 보유하고 있다. 미국은 육·해·공군 병력을 훈련시키기 위한 훈련 시설을 따로 갖추고 있다. 이들 훈련 시설의 모토는 "전투는 기본적으로 인간 대 인간, 팀 대 팀의 싸움이지 기계 장비끼리의 싸움이 아니다"이다.

육군은 1981년 캘리포니아주 포트 어윈(Fort Irwin)에 문을 연 육군 훈련 시설인 NTC(National Training Center, 국립훈련센터)를 가지고 있다. 1951년 한국전쟁에 파병된 장갑차 전투훈련장으로 쓰였고, 베트남전 때는 포병부대와 공병대를 훈련시켰다. 9·11 테러 이후 이라크와 아프가니스탄에 파병하는 병력의 훈련소로 사용되었다. 이곳의 훈련 방침은 "총 쏘는 방법을 배우기 전 생각하는 방법을 먼저 터득하는 것"이다. 포트 어윈은 사막에 있기 때문에 군사 훈련을 하는 데 천혜의 조건을 갖추고 있다. 전자파 방해가 없고 항공기 운항도 제한되며 인구 밀집 지역과는 동떨어져 있다.

해군은 전투기의 접근전(도그파이트)에 능한 파일럿을 양성하는 해군 항공대 공중전 학교를 운영하고 있다. 이 학교의 별칭은 탑건(Top gun, 해군 전투기 병기 학교)이다. 1996년 미합중국 해병대의 공중전 훈련 부대 및 기타 교육 코스가 여기에 통합되어 네바다주 팰런(Fallon)에 있는 NSAWC(Naval Strike and Air Warfare Center)로 개편되었다.

공군은 네바다주와 라스베이거스주 북동부에 위치한 넬리스 공군 기지(Nellis Air Force Base)를 훈련 시설로 사용하고 있다. 이곳의 기지명은 2차 세계 대전 중 벌지 전투에서 전사한 조종사 윌리엄 해럴 넬리스 중위의 이름을 따서 지었다.

훈련 프로그램이 끝나면 훈련에 참가한 모든 사람이 모여 벌어졌던 일에 대한 의견을 교환한다. 이 과정이 사후강평(AAR, After Action Review) 프로그램이다. 훈련 계획을 점검하고 훈련 목표를 얼마나 잘 달성했는가에 대해 서로 토론한다. 토론에서는 병사, 지휘관, 부대의 세 가지 관점에서 성과를 평가한다. 사후 평가는 집단의 성과를 점수로 평가하지 않고 강점과 약점을 확인해서 앞으로의 훈련에 지침으로 삼기 위한 것이다. 토론장에는 계급장이 달린 모자를 벗고 들어간다. 토론은 잔인할 정도로 솔직하고 토론실 안에는 계급이 없다. "계급장 떼고 붙어 보자"라는 말이 여기서 생겼다. 병장이 지휘관인 중위의 작전 계획을 신랄하게 비판한다. 자칫 군대의 위계와 규율을 무너뜨릴 것이라는 우려는 곧 기우로 나타났다. 사후 평가는 미 육군의 전력을 크게 강화시켰다.

스톤헨지

스톤헨지(Stonehenge)는 영국 남부 윌트서주 솔즈베리(Salisbury) 평원에 있는 선사 시대의 거석 기념물이다. B.C. 3000~B.C. 2200년 사이의 어느 시점에서 세워지기 시작해서 1,500년 기간 동안 건축되었을 것으로 추정된다.

B.C. 100년경 완성되었으리라 예상되는 스톤헨지는 높이 8미터, 무게 50톤에 달하는 거석 80여 개로 구성되어 장관을 이루고 있다. 수수께끼의 선사시대 유적으로 누가, 어떻게, 왜 만들었는가에 대한 의문이 풀리지 않고 있다. 만든 동기에 대해서는 여러 가지 설이 분분하다. 조상의 기념비라든지 거대한 천문학적 달력, 또는 외계인의 착륙장이라는 이야기까지 나온다. 그러나 최근까지 관심이 집중되는 것은 콘서트홀 역할을 한 거대한 음향 시스템이라는 주장이다.

스톤헨지

스톤헨지의 작은 암석들은 모두 청석이다. 청석은 두드리면 울리는 경향이 있는 암석이다. 스톤헨지의 울림 수준이 잘 건축된 강의홀의 그것과 비슷했다. 샐포드대학의 보고서에 의하면 어떤 지점에서 발생한 음파가 일정한 방향으로 가기보다는 사방으로 전달될 가능성이 높았다. 디스커버리 뉴스와 NBC 뉴스는 스톤헨지가 석기시대 열광의 장소였으며 이곳에서 광란의 축제가 열렸을 것이라고 했다. 미국 워싱턴 메리힐 박물관에는 스톤헨지를 실물 크기로 재현해놓고 대중에게 개방하고 있다. 20명의 삼바 밴드를 데리고 가서 실험도 할 수 있다. 전 세계에 6만 개의 고인돌(Dolmen, Table Stone)이 있는데 남한에만 3만 개가 있다.

고인돌

　현재 세계에서 가장 큰 고인돌은 경남 김해시 구산동 고인돌이며, 그 무게가 무려 350톤이 된다. 모아이 석상이 3~10톤, 피라미드 돌 하나가 2.5~10톤, 스톤헨지가 5~50톤임에 비추어 볼 때 350톤은 어마어마한 크기이다. 한반도 고인돌은 대체로 청동기 시대 전기(B.C. 1500~400)에 나타나고 있다. 용도는 지배자의 무덤이거나 지배 계층의 집단 무덤, 또는 전사자의 집단 무덤으로 추측된다. 집단의 결속을 다지기 위한 일종의 제단의 역할을 했을 것으로 보인다.

국가와 도시의
이름 짓기

땅을 의미하는 접미사로 '스탄(stan)'과 '랜드(land)'를 붙여서 국가명을 정한 나라들이 수두룩하다. 중앙아시아 국가들의 나라명에는 유독 '스탄'이 많다. 타지키스탄, 아프가니스탄, 파키스탄, 카자흐스탄, 우즈베키스탄, 투르키스탄, 키르기스스탄, 투르크메니스탄 등이다. 유럽에는 나라명 뒤에 '랜드'가 붙는 나라가 많다. 핀란드, 폴란드, 아이슬란드, 도이칠란드, 아일랜드, 네덜란드, 잉글랜드, 스코틀랜드 등이다. 스탄이나 랜드의 조어상 원리는 완전히 같다. 잉글랜드는 앵글로색슨족의 땅, 스코틀랜드는 스코트족의 땅이라는 뜻인 것처럼, 우즈베키스탄은 우즈벡족의 땅이란 뜻이다.

도시명에는 독일어로 성 또는 도시를 뜻하는 부르크(burg), 산이나 언덕을 의미하는 베르크(berg), 강이나 냇물을 의미하는 푸르트(furt)를 붙여서 도시의 지형상 특성을 반영한다. 오스트리아의 잘츠부르크, 함부르크, 아우크스부르크, 베네룩스 3국 가운데 하나인 룩셈부르크 등은 성이 많아서 붙인 이름이다. 뉘른베르크, 하이델베르크 등은 아름다운 산이나 언덕을 도시 이름에 부각시키고 있다. 마인

(Main)강과 게라(Gera)강은 프랑크푸르트, 슈바인푸르트, 에어푸르트 등의 도시를 관통하고 있다. 우리나라도 도시명에 접미사 '성'을 붙이는 도시로 한성, 개성, 안성 등이 있다. 징기즈칸, 오고타이칸, 쿠빌라이칸 등 몽골 유목민족의 왕에게는 '칸'이라는 접미사를 붙인다. 로마 황제들은 달력에 자신들의 이름을 남기려 갖은 시도를 했다. 그러나 달력에 이름을 남긴 사람은 로마 장군 율리우스 시저(Julius Caesar)와 초대 황제 아우구스투스(Augustus)뿐이다. 시저는 자신의 이름을 7월(July)에 남겼고 아우구스투스황제는 8월(August)에 이름을 남겼다.

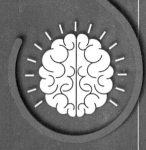

Part **2**

자기 관리

칸트

　칸트(Immanuel Kant, 1724~1804)는 인간의 지식을 재해석하는 새로운 철학을 발전시켰기 때문에 위대한 현대 철학자의 한 사람으로 남아 있다. 칸트 철학의 핵심적인 화두는 "인간은 무엇인가?"이다. 인간을 알기 위한 그의 노력은 진·선·미(眞·善·美)와 성(聖)이라는 궁극적 가치를 파헤치는 것이다. 첫째로 '인간은 무엇을 아는가', 둘째로 '인간은 무엇을 해야 하는가', 셋째로 '인간은 무엇을 바라는가'라는 세 물음을 제기했다.

　『순수이성비판』에서 첫째 물음에 대한 답인 진(眞)의 문제를 주체적으로 다루며 그 결실이 칸트의 인식론과 형이상학론이다. 『실천이성비판』은 둘째 물음, 즉 선(善)의 문제를 주제로 다루는데 그 결실이 윤리학이다. 『판단력비판』은 둘로 나누어 전반부는 '나는 무엇에서 아름다움을 느끼는가?'라는 미(美)에 대한 답을 얻으려 시도하고 있고, 그 결실이 미학(美學)이다. 그리고 『판단력비판』의 후반부는 다른 종교철학 저술과 함께 최고선인 성(聖)의 문제를 다루는데 그 결실이 칸트의 이성종교론이다. 칸트는 이론적 앎과 실천적 행함이 종교론에서 화합을 이룬다고 역설한다. 신적인 계시도 인간 안의 도덕성과

일치하지 않으면 정당화될 수 없다는 입장을 견지한다. 다시 말해 윤리와 도덕이 성경에 준하여 해석되면 안 되고, 거꾸로 성경이 윤리와 도덕에 준하여 해석되어야 한다는 입장이다. 칸트는 '이성의 한계 안에서의 종교'를 말한다. 나아가 칸트는 인간의 선한 심성을 따르는 도덕적 과업이 중요하며 기복(祈福)과 사죄(赦罪) 신앙을 바람직하지 못한 종교로 평가한다.

칸트를 비판할 수는 있으나 칸트의 사상을 알지 못하고서는 철학을 말할 수 없다.[19] 칸트는 철학 사상계 중앙의 대저수지이다. 칸트 이전의 모든 사상들이 칸트 안에 모여 있고, 칸트 이후의 모든 사상은 칸트로부터 흘러나왔다. 오늘날 서양사상의 네 가지 기둥은 고대 그리스·로마 사상, 기독교 사상, 근대 자연과학 사상, 근대 시민사회 형성 사상 등이다. 이 네 가지 사상은 인류의 보편적 가치로 확산되었다. 칸트 철학은 네 물줄기의 대(大)합류이며 계몽주의 사상을 대변한다. 계몽주의는 이성을 통해 사회의 무지를 타파하고 현실을 개혁하자는 사상이다. 따라서 칸트 철학을 철학의 최고봉이라고 부른다. 우리나라에서도 이를 수용하였다. 건국의 아버지 이승만 대통령이 나라를 건국하기 위해 사용한 4가지 기둥은 자유민주주의, 자유시장경제, 한미동맹, 그리고 기독교입국론이다.

인간의
두 가지 잘못

인간은 두 가지 잘못을 저질렀다. 첫째, 인류의 조상 아담은 하나님의 뜻과 의지와 견해를 따르지 않고 자신의 뜻과 의지와 견해를 선택하여 하나님을 거역하는 죄를 짓게 되었고 이로 인해 인류 대대로 원죄라는 멍에를 지게 되었다. 둘째, 역사의 잘못된 궤적을 분명히 알면서도 그 어리석음을 되풀이하는 오류를 범하고 있다. 예를 들어 두 차례의 세계대전을 치르면서 전쟁을 방지하기 위한 대책을 만들어 놓았지만 지금까지 크고 작은 전쟁이 끊임없이 계속되고 있다. 인류는 역사로부터 어떠한 교훈도 얻지 못하고 잘못된 길을 되풀이하고 있다. 19세기 독일 철학자 헤겔은 "역사가 우리에게 아무것도 가르치지 않는다는 사실을 역사는 가르친다"라고 말했다. 미네르바는 지혜의 여신이고 그녀의 부엉이는 특성상 밤에만 깨어서 일한다. 헤겔은 그의 저서 『법철학』 서문에 "미네르바의 부엉이는 황혼이 저물어야 그 날개를 편다"라는 유명한 경구를 남겼다. 철학은 미네르바의 부엉이처럼, 앞날을 예측할 줄 모르고 지나간 역사적 사건에 대해서만 해석한다고 말했다.

인문학을
공부해야 하는 이유

자연과학은 인간이 인식할 수 있는 현상들을 합리적이고 논리적인 방법으로 파악하고 체계화하는 지식 체계이다. 반면 인문학은 인간의 본질을 비판적이며 사변적인 방법으로 탐구하는 학문이다.

인문과학의 분야로는 크게 언어, 예술, 역사, 사상 등이 포함되며, 대표적인 학문으로는 문학, 역사, 철학으로 요약된다. 이를 문·사·철(文·史·哲)로 표기한다. 『맹자』가 철학의 힘을 제시하고, 사마천의 『사기』가 역사의 엄정함을 가르치고, 일연의 『삼국사기』가 문학의 옷을 제공한다. 키케로는 "역사는 과거의 증인이요, 진실을 밝혀 주는 빛이요, 기억을 되살려 주는 활력이요, 생활의 지침이요, 옛 시대의 전달자이다"라고 말했다. 우리가 만일 태어나기 전의 일들을 알지 못한다면 영원히 어린이로 머물러 있게 될 것이다. 역사적으로 대륙에서 강력한 통일국가가 등장할 때마다 한반도에서는 예외 없이 나라가 망하거나 전쟁의 고초를 겪었다. 중국에서 한나라가 등장하자 고조선이 망했고 백제와 고구려는 당나라의 등장으로 망국의 길로 들어섰다. 고려는 대몽항쟁을 줄기차게 했지만 몽고의 칭기즈칸의 손자

쿠빌라이칸에 의해 원의 속국과 부마국이 되었다. 그리고 명나라 등장으로 고려는 사라졌고 조선은 청나라에게 남한산성에서 굴복했다. 역사적으로 중국의 부상은 항상 우리나라의 위기와 격변으로 이어졌다.

철학은 형이상학적인 사실을 밝히는 학문이다. 형이상학적 사실이란 볼 수도, 들을 수도 없으며 실험이나 관찰을 할 수도 없는 경험이나 감각을 초월한 사실을 말한다. 이런 것을 밝히는 학문이 철학이다. 인간과 마음과 진리를 밝히는 것이 주제다.

- 문(文): 문학 고전은 무한한 상상력과 창의력을 자극한다.
- 사(史): 역사를 통해 미래에 대한 통찰력을 얻는다.
- 철(哲): 철학적 사유를 통해 인간의 본질을 인식하고(眞, 인식론), 인간이 무엇을 행해야하는가(善, 도덕론)를 깨닫게 된다. 그리고 인간이 무엇을 희망해야 하는가(美, 미학)를 대한 깊은 이해를 하게 된다.

문·사·철의 세 가지를 이해하면 다음의 시를 이해하게 된다.

한 알의 모래에서 세계를 보고
한 송이 들꽃 속에서 천국을 본다
손바닥 안에 무한을 거머쥐고
순간 속에서 영원을 붙잡는다

묘비명

전 세계를 100명이 살고 있는 마을로 축소하면 그 마을에는 57명의 아시아인, 21명의 유럽인, 14명의 남북 아메리카인, 8명의 아프리카인이 살고 있다. 그중 52명이 여성, 48명이 남성이다. 6명이 전 세계 부의 59%를 소유하고 있고, 그 사람들의 국적은 모두 미국이다. 80명은 평균 이하의 주거환경에 살고 있고, 70명은 글을 읽을 수 없다. 50명은 영양실조에 시달리고 1명은 아사 상태에 있으며 1명만이 대학 교육을 받고 컴퓨터를 소유하고 있다. 인류는 이렇게 지구에 퍼져 살면서 경쟁하며 살고 있다. 그러나 한 세기만 지나면 모두 무덤으로 갈 수밖에 없는 운명에 처해 있다. 유명인의 묘비명을 보면 숙연한 마음으로 우리의 삶을 돌아보게 된다.

- 헤밍웨이: 일어나지 못해 미안하오.
- 칸트: 이만 하면 됐다. 생각하면 할수록 내 마음을 늘 새로움과 경외심으로 가득 채우는 것이 두 가지 있다. 하나는 내 위에 있는 별이 빛나는 하늘이요, 다른 하나는 내 속에 있는 도덕률이다.
- 철강왕 카네기: 자신보다 현명한 사람을 주변에 모으던 자, 여기에 잠들다.

- 소설가 스탕달: 살았노라, 썼노라, 사랑했노라.

- 함형수는 『해바라기의 비명(碑銘)』이란 시에서 다음과 같이 노래했다. "나의 무덤 앞에는 그 차가운 비(碑)돌을 세우지 말라 / 나의 무덤 주위에는 그 노오란 해바라기를 심어 달라. / 그리고 해바라기의 긴 줄거리 사이로 끝없는 보리밭을 보여 달라 / 노오란 해바라기는 늘 태양같이 태양같이 하던 화려한 나의 사랑이라고 생각하라 / 푸른 보리밭 사이로 하늘을 쏘는 노고지리가 있거든 아직도 날아오르는 나의 꿈이라고 생각하라"[20]

- 존 밴브러: 흙이여 무겁게 그를 눌러라. 그가 생전에 그대를 눌렀던 것처럼.

- 조지 버나드 쇼: 오래 버티고 살다 보면 이렇게 될 줄 알았다. 우물쭈물하다가 내 이렇게 될 줄 알았지. 어영부영하다가 이렇게 될 줄 알았다니까.

- 조셉 콘래드: 수고를 마친 뒤의 잠, 폭풍우치는 바다 이후의 항구, 전쟁 이후의 안락, 삶 다음의 죽음은 큰 기쁨이다.

- 처칠: 나는 내 창조주를 만날 준비가 되었다. 창조주께서 나를 만나는 고역을 치를 준비가 되셨는지는 내 알 바 아니다.

- 예이츠: 말 탄 자여, 내 무덤 앞에서 감상에 젖어 시간을 보내지 말고 어서 지나가게나. 자네 일이나 보시게나.

- 이황: 나면서 크게 어리석었고 자라서는 병이 많았다. 젊은 시절에 학문을 좋아하게 되었고 느지막에 벼슬길에 들었네. 학문은

갈수록 멀어지고 벼슬은 마다해도 자꾸 내려지네. 나아가기가 어려우매 물러나 은거하기로 뜻을 굳혔네. 나라의 은혜생각하면 심히 부끄러우나 진실로 성현의 말씀이 두려웠네. 산 높디높고 물 쉼 없이 흐르는 곳. 벼슬을 벗어던지고 돌아오니 뭇 비방이 사라졌구나. 근심 속에 낙이 있었고, 즐거움 속에 근심이 있었네. 조화를 좇아 사라짐이여, 다시 무엇을 구하리오.[21]

- 박인환: 사랑은 가고 옛날은 남는 것.
- 모파상: 나는 모든 것을 갖고자 했지만 결국 아무것도 갖지 못했다.
- 천상병: 나 하늘로 돌아가리라. 아름다운 세상 소풍 끝나는 날, 가서 아름다웠다고 말하리라.
- 에디슨: 상상력, 큰 희망, 굳은 의지는 우리를 성공으로 이끌 것이다.
- 조병화: 어머님의 심부름으로 세상에 왔다가 심부름을 다 마치고 어머님께 돌아왔습니다.
- 테레사 수녀: 인생이란 낯선 여인숙에서의 하룻밤과 같다.

성격·문화·인간성

인간의 성격(Personality)과 습관(Habit)은 다른 사람과 공유되지 않는 그 사람 특유의 정신 프로그램이다. 성격과 습관은 50%가 유전(Heredity)되고, 나머지 50%는 환경으로부터 학습(Learning)된다는 연구 결과가 있다. 유전은 조상으로부터 물려받는다. 유전 형질에 포함되어 있는 홍채나 피부, 머리카락의 색, 혈액형과 같은 특성은 100% 유전된다. 그러나 문화(Culture)는 100% 학습되는 것이지 유전되는 것이 아니다. 문화는 개개인의 사회 환경에서 나오는 것이지 유전인자에서 나오는 것이 아니다. 인간성(Human Nature)이란 사람이 기본적으로 가지고 있는 성질로서 사람을 사람답게 만드는 본질이라는 것이 사전적 의미이다. 인간성은 모든 인간이 공유하는 보편적 특성으로서 유전 인자를 통해 100% 유전된다. 영적으로는 아담이 선악과를 먹고 범죄함으로 지은 죄는 100% 유전된다. 인간은 한 사람도 예외 없이 죄를 유전인자로 가지고 태어난다.

"모든 사람이 죄를 범하였으매 하나님의 영광에 이르지 못하더니"

- 로마서 3장 23절

"내가 죄악 중에 출생하였음이여 모친이 죄 중에 나를 잉태하였나

이다"

- 시편 51장 5절

인간관계

우리가 인간관계에서 만나는 사람은 두 종류가 있다. 부적절한 사람과 적절한 사람이다. 그리고 내가 하는 질문도 부적절한 질문과 적절한 질문이 있다. 네 가지 경우를 가정하고 시간을 효율적으로 사용한 것인지를 살펴본다.

- 내가 부적절한 사람을 만나 부적절한 질문을 한다면 두 사람의 시간을 헛되게 보내는 것이다.
- 내가 부적절한 사람을 만나 올바른 질문을 한다면 내 시간을 낭비하는 것이다.
- 내가 적절한 사람을 만나 부적절한 질문을 한다면 그의 시간을 낭비하는 것이다.
- 내가 적절한 사람을 만나 올바른 질문을 한다면 두 사람은 생산적인 결과를 얻게 된다.

부적절한 사람은 상대방의 어떠한 조언도 받아들일 자세가 되어 있지 않은 자를 의미한다. 이런 사람에게는 좋은 충고를 하든 의미

없는 충고를 하든 생산적인 결과를 기대할 수 없다. 만일 부적절한 사람에게 부적절한 질문을 한다면 두 사람의 시간은 헛된 시간이 될 것이다. 그리고 부적절한 자에게 올바른 질문을 한다면 나 자신의 시간을 헛되게 보낸 것이다. 적절한 사람은 생각과 견해가 올바른 자를 의미한다. 이런 자에게 내가 부적절한 질문을 한다는 것은 그의 시간을 낭비하는 것이다. 다만 올바른 자에게 적절한 질문을 하는 경우에만 두 사람은 진정한 생산적인 결과를 얻게 된다.

귀납법과
연역법

귀납법은 주위 세계로부터 경험하고 관찰한 결과에서 일반적인 법칙을 도출해 낸다. 연역법은 아이디어, 가설, 격언, 원칙들을 제시하고 구체적인 상황에 적용한다. 서구 사회는 연역적 사고를 더 중시한다. 따라서 서구의 정치, 경제, 과학, 음악, 미술 분야에서 위대한 업적을 남긴 위인들은 대부분 격언이나 어록을 남기고 있다. 귀납법은 연역법보다 훨씬 풍부한 사고방식이다. 귀납법은 당신이 질문을 던지고 경직된 규칙과 진부한 틀에 맞서며 연역적으로 생각할 때는 발견할 수 없는 불가능한 위험까지 찾아낸다. 귀납법은 항상 뭔가를 덧붙이면서 창의적이고 새로운 발견을 할 수 있는 최고의 기회를 갖게 된다.

링컨의 "국민의, 국민에 의한, 국민을 위한 정부는 이 땅에서 영원히 사라지지 않을 것이다"라는 명언은 성경 골로새서 1장 16절의 말씀 "만물이 그에게 창조되되 하늘과 땅에서 보이는 것들과 보이지 않는 것들과 혹은 보좌들이나 주관들이나 정사들이나 권세들이나 만물이 다 그로 말미암고 그를 위하여 창조되었고"에서 영감을 얻은 것이다.

조울증과
천재

성공한 사람들은 약간 제정신이 아니다. 안전지대에 머물러 있을 수가 없는 사람들이기 때문이다. 그런 정신 상태야말로 월계관을 썼다고 만족하지 않고 항상 앞으로 돌진하도록 만들어 주는 원동력이다. 정상적인 사람은 태생적으로 순응주의자다. 그들은 학교를 졸업하고 직업을 선택할 때 타인을 만족시켜주거나 윗세대의 기준을 충족하는 것을 목표로 삼는다. 보편적인 원칙에 대한 집착이 승리에 필요한 기술을 개발하지 못하도록 막는다. 물론 정상적인 것이 잘못되거나 비생산적이란 뜻이 아니다.

우울증 전후로 찾아오는 조증은 폭발적인 에너지와 창의성을 생산해내기도 한다. 혁신과 창의성은 명백히 조증이 반영된 것이다. 조증은 네 가지 주요 특징을 가진다. 생각의 속도 증가, 신체 및 정신 활동의 증가, 위험 감수 성향 강화, 자신감과 자존감 증가가 그 특징이다. 물론 이런 특징이 지나치면 위험할 수 있고 치명적일 수 있다. 그러나 조증을 어느 정도 통제할 수 있다면 이것은 엄청난 이점이 될 수 있다. 뇌는 이성적인 부분과 통제가 덜 이루어지는 감성적인 부분으로 되어 있다. 전자는 인간의 영역이고 후자는 침팬지의 영역이다. 그 둘은 끝없이 싸움을 벌인다. 스포츠 선수들은 항상 침팬지 영역을 통제, 혹은 관리하도록 훈련한다. 역사적 인물 5인, 즉 처칠, 링컨, 다윈, 나이팅게일, 마리 퀴리는 모두 현대 의사들이 말하는 일종의 정신병을 앓고 있었다. 이들에게 정신적 취약점은 장애물이 아니라 잠재력을 극대화시키는 촉진제가 되었다. 이들의 병명은 오늘날, 조울증, 즉 양극성 장애라고 진단된다. 우울증이 있는 사람은 최악의 상황을 예측하고 피하려고 한다. 반면 낙관주의자들은 위기를 헤쳐 나갈 수 있을 것이며, 다 잘될 것이라고 방치한다. 1930년대 말 영국 총리였던 체임벌린은 낙관주의에 사로잡혀 독일에 대해 유화정책을 취할 것을 추구했다. 그러나 처칠은 독일이 앞으로 재무장하고, 대영제국의 심장부를 노릴 것이라고 경고했다. 처칠은 우울증 덕분에 독일의 위협을 현실적으로 바라보게 되었다. 링컨의 변호사는 "링컨이 걸어갈 때면 그의 몸에서 우수가 뚝뚝 떨어진다"라고 말했다. 그러나 그의 내부에는 잘 건조된 히커리 나무처럼 강인함이 넘쳐났다. 조증이 있는 사람은 자존감이 높은 경향이 있어 혁신 과정에서 빈번하게 나타나는 실패를 극복할 수 있다. 장애물에 부딪혀도 이겨내며 높은 성과를 창출할 수 있다. 다만 조증 경향이 있는 리더는 자신이 비정상임을 인지하고 정상적인 대리인을 선택해 팀을 지원해야 한다. 조증 진단을 받은 사람은 대단히 혁신적이고 비순응적이며 혼자서 일하는 것을 선호하는 반면 울증을 가진 사람은 뛰어난 팀 리더의 자질을 많이 갖추고 있다. 조증은 공감 능력이 부족한 반면 울증은 개인적인 경험에서 우러난 공감 능력이 뛰어난 경우가 많다. 마틴 루터 킹은 조울증 증세를 보였다. 에너지가 넘치고 자존 감이 높아 카리스마가 돋보였으며 진보적 가치관을 가졌다. 울증보다 조증이 더 큰 영향을 미쳤다. 우울증 덕분에 탁월한 공감 능력을 가진 지도자가 될 수 있었다. 킹은 여러 파로 나뉜 흑인 인권 운동가들을 공감을 통해 폭력적인 투쟁을 피하고 하나로 단결시켰다. 다윈은 공황 발작과 정신적 고통에 시달렸고 자주 펑펑 눈물을 흘렸다. 25년 동안 스무 명의 의사의 치료를 받았지만 소용이 없었다. 불안과 창의성이 동시에 발휘된 경우다.

제정신이 아닌 사람은 두 유형이 있다. 첫 번째는 그냥 단순히 제정신이 아닌 사람으로 이런 사람은 위험하다. 두 번째는 창의성과 강인함, 독창성, 열정이 지나쳐 제정신이 아니라는 평가를 받는 이들이다.

이기고자 하는 의지는 단순히 이기고 싶어 하는 것과 다르다. 압박감은 승리의 필수 조력자다. 압박은 대개 부정적으로 쓰인다. 경기에서 진 선수와 감독, 지지율이 하락하는 정치인, 주가가 떨어지는 CEO 등이 이 영향을 받은 경우에 해당된다. 그러나 압박감은 승자에게 훌륭한 조력자가 되기도 한다. 압박감이 만들어 내는 신체적, 정신적, 심리적 변화는 정신 집중을 도와주고 강력한 에너지를 발휘하도록 자극함으로써 성과에 긍정적인 영향을 미친다.

절박함이
관건이다

2차 대전 발발이 초읽기에 들어갔을 때 핵분열 연쇄 반응을 이용한 원자폭탄의 발명은 최대의 비밀 관심사였다. 누가 이 무기를 먼저 손에 넣느냐에 따라 인류 역사가 뒤바뀔 수 있었다. 과학자들은 히틀러가 먼저 가지면 서구 문명의 종말을 피할 수 없고 연합국이 먼저 가지면 인류를 구원할 수 있는 신의 선물이 될 것이라고 예언했다. 사무라이의 길은 절박함 속에 있다. "스스로 미치고 절박하도록 하라"라는 것이 사무라이의 좌우명이다. 도스토옙스키는 죽음과 마주한 경험을 통해 미친 듯 몰입하며 하루하루가 마지막 날이라는 생각으로 글을 써 내려갔다. 1881년부터 죽는 날까지 『죄와 벌』, 『악령』, 『카라마조프가의 형제들』 등의 소설을 써나갔다.

하늘이 장차 어떤 사람에게 큰 사명을 맡기려 할 때는 반드시 먼저 마음을 괴롭게 하고 뼈마디가 꺾어지는 고난을 주며 배고픔과 가난을 겪게 하고, 하는 일마다 실패를 맛보게 한다. 마음을 단련시키고 고난을 통해 훈련시킨다. 프로스트의 시에는 "비가 바람에게 말했다. 너는 밀어붙여 나는 퍼부을 테니까"라는 구절이 있다. 비와 바람은 찰떡궁합이다. 둘이 협력하여 자연을 뒤흔든다.

상어는 일단 먹이를 발견하면 절대 놓치는 법이 없다. 강력한 힘과 집요함이 있다. 항상 물고기들의 경계 대상 1호가 된다. 그렇게 된 이유는 물고기 중 상어만 몸 속에 부레가 없어서 쉴 새 없이 꼬리를 저어대지 않으면 깊은 바다 속으로 가라앉기 때문이다. 상어의 놀라운 힘과 집요함은 불리한 신체 조건을 극복하고자 부단히 노력한 덕에 생긴 것이다. 아무리 뛰어난 아이디어와 생각이 있어도 그것을 행동으로 보여주지 않으면 쓸모가 없다. 아무리 어려운 여건 속에서도 좌절하지 않고 부단히 노력하면 탁월한 능력을 발휘할 수 있다.

잎이 있어야 꽃이 아름답다는 말이 있다. 잎은 조연이지만 꼭 필요한 부분이다. 위고는 "꽃은 존귀하고 열매는 달다"라고 말했다. 그러나 우리는 평범하고 겸손한 잎이 되어야 한다.

전쟁만큼 절박함이 극대화되는 경우도 없다. 생명이 달려 있기 때문이다. 병력이 10배 많으면 포위하고 5배 많으면 적을 공격한다. 2배 많으면 적을 분열시키고 비슷한 병력이면 최선을 다해 끝까지 싸운다. 절박함을 느끼는 좋은 방법은 인간의 한계상황에 도달하는 철인 3종 경기에 참여하는 것이다. 체력만 뒷받침된다면 추천할 만한 방법이다.

철인 3종 경기
(출처: wikipedia, commons)

철인 3종 경기는 3.9킬로미터의 수영과 180.2킬로미터의 자전거 경기, 그리고 42.195킬로미터의 마라톤으로 이어지는 인간의 한계를 실험하는 경기다.

위대한 자들의
습성

하버드 경영대학원의 수업에서 교수가 질문하면 강의실 학생 중 80%가 손을 든다. 교수의 질문을 듣고 마음속으로 발언을 준비하면 이미 늦었다. 토론은 이미 다른 주제로 넘어간다. 생각한 다음 손을 들면 이미 늦다는 것이다. 무조건 손을 먼저 들어 발언권을 얻고 난 후 답변을 생각한다. 토론에 참여하는 방법은 조립식(Build-on) 방법과 반론(Disagree) 방법이 있다. 전자는 앞사람의 발언에 동의하면서 자기 나름의 새로운 견해를 말하는 것이다. 후자는 상대방의 발언을 부정하고 반박하는 방법이다. 이 경우 완전 박살 나 창피를 당할 위험을 감수해야 한다. 강의실에서 실패를 체험하게 하는 좋은 교육방법이다. 성공 격언 가운데 "실패하라. 더 빨리 실패하라"라는 명언을 가만히 앉아서 경험하는 일이 강의실에서 이루어진다.

성공과 위대함에는 자신감과 자존감이 중요하다. 이것이 없으면 그 누구도 위대한 일을 해낼 수 없다. 행운의 여신은 낙천주의자에게 미소를 짓는다. 피카소는 자아도취의 전형적인 인물이다. 비평에는 귀를 기울이지 않았다. 에디슨은 완성하려던 작업을 완성하기까지 60시간을 물도 음식도 먹지 않았다. 헤밍웨이는『노인과 바다』를 200번 고쳤다. 발자크는 연애로 일에 방해를 주지 않기 위해 50세까지 독신으로 살았다. 어느 무명 천재의 고백이다. "37년 동안 하루 14시간씩 연습했고 이제 사람들은 나를 천재라 부른다."

도스토옙스키의『죄와 벌』은 범죄를 저지르고 달아나려 하지만 결코 벗어날 수 없는 죄의식을 보여 주는 최고의 심리소설이다. 성공자는 추월선으로 달리는 자다. 이들의 마음속에 확신과 계시가 오게 되면 구체적인 신념을 가지고 다른 사람을 추월해 달린다.

직관은 신의 선물이지만 논리는 충실한 종들의 몫이다. 진정한 가치는 직관에서 나타난다. 좋은 실패는 실패를 거울삼아 새로운 창조성과 성공의 가능성을 찾아내는 것으로 반드시 겪어야 하는 실패다. 나쁜 실패는 되풀이하는 오판과 부주의다. 조직은 좋은 실패를 독려하고 적극적으로 장려해야 한다. 그러나 나쁜 실패는 철저히 차단해야 한다. 성공은 좇아간다고 잡을 수 있는 것이 아니라 자격을 갖추고 리더십을 발휘하는 자에게 저절로 따라오는 것이다. 모든 발명과 기술 개발은 100번 실패하고 101번째 성공한 경우가 대부분이다. 성공의 최대 요인은 100번의 실패다. 실패하는 이유를 하나하나 깨달아 가면서 점점 성공에 가까이 다가가게 된다. 실패란 성공하기 전에 포기하는 것이다.

오프라 윈프리(Oprah Winfrey)는 미군 사병이었던 버넌 윈프리와 가정부였던 어머니 버나타 리 사이에서 태어났다. 버넌 윈프리는 딸

이 태어난 것에 대해 관심이 없었고 가정을 돌보지도 않았다. 구약성경에 나오는 오르파(Orpah)란 인물을 따라 즉흥적으로 아기의 이름을 지었다. 그러나 행정직원이 오르파(Orpah)를 오프라(Oprah)로 적는 바람에 호적에 오프라(Oprah)로 기재되었다. 열네 살에 친척에게 강간당한 오프라는 가출했다.[22] 방황하다가 내슈빌에 있는 친아버지 집으로 돌아오게 되었고 이때부터 엄격한 가정교육을 받게 되었다. 19세 나이로 내슈빌 최초의 흑인 여성 앵커로 발탁되었다. 1986년 〈오프리 윈프리 쇼〉를 시작했다. 2019년 세계 500대 부자 명단에 이름을 올렸고 윈프리의 자산은 40억 달러(약 4조 4000억 원)로 집계됐다.

카리스마

카리스마는 정치인이 표를 얻고, 세일즈맨이 계약을 따내며, 기업가가 자금을 모으고, 연예인이 갈채를 받게 하는 무기다. 오프라가 그녀의 쇼에 초대하거나 북클럽에 추천하기만 해도 15만 부의 판매 부수를 기록했다. 공자는 "사람을 다스린다는 것은 썩은 새끼줄로 여섯 마리 말이 끄는 마차를 모는 것과 같다"라고 말했다. 사람을 자기의 뜻대로 움직인다는 것은 매우 어려운 과제다.

카리스마는 한때 영적 선물로 이해되었지만 심리학자들은 학습의 결과로 본다. 사람과의 상호작용을 통해 상대방을 설득하고 영향을 주고 격려하는 힘이다. 카리스마는 보디랭귀지(Body Language), 어휘 구사, 표정 연기, 열정이 어우러져 강력한 흡인력을 가진다. 다소 거만해 보이고 상당히 단련되어 있어 보통 사람과는 다르게 보인다. 자신감은 카리스마의 결정적인 요소다. 프랑스 장군 미셸은 엘바섬에 억류된 나폴레옹을 투옥하거나 사살하라는 명령을 받고 나폴레옹을 만나러 갔다. 나폴레옹은 무장이 해제된 채 위엄 찬 목소리로 "네가 원한다면 네가 모시던 황제인 나를 죽여라. 그렇지 않다면 나를 따라 파리로 가자"라고 했다. 미셸은 정신을 가다듬고 용기를 내어 나폴레옹에게 즉시 항복하라고 명령했다. 그러나 무장한 병사들은 어느 누구도 미셸 장군의 명령을 따르지 않고 나폴레옹을 따라 황제 만세를 부르며 파리로 향했다. 카리스마를 가진 리더는 추종자를 만들어 위대한 목표를 위해 분투하게 만든다.

카리스마는 100% 현재에 충실한 사람이 가질 수 있는 자질이다. 눈앞의 일에 집중하면 높은 효율을 내는 몰입에 들어간다. 카리스마는 신비롭고 초인적인 능력을 지녔다고 여겨지는 개인의 특별한 자질이다. 카리스마는 타고난 재능이 아니라 현재에 집중할 줄 아는 능력을 후천적으로 획득할 수 있는 기술이다. 카리스마를 가진 리더는 여섯 가지 특징을 가진다.

첫째, 상대방의 관점에서 생각하고 그의 감정을 이해할 줄 아는 공감 능력이 있다.

둘째, 언어적이든 비언어적이든 상대방이 하려는 말에 진심으로 귀를 기울이는 경청 기술을 가진다.

셋째, 타인과 시선을 맞추고 그것을 유지하려고 한다.

넷째, 타인의 생각이나 행동을 칭찬하며 상대방의 정신과 기분을 고양시키는 능력이 있다.

다섯째, 남들이 어떻게 생각할지 신경 쓰지 않고 진정성과 확신을 가지고 행동한다.

여섯째, 사람들과 잘 소통할 수 있다.

오늘날 인재상

토마스 카알라일은 영국의 역사가이다, 세익스피어는 인도와 바꿀 수 없다는 말로 유명하다. 또한 가치관이 없는 사람은 나침반 없이 항해하는 것과 같다고 말했다. 인류의 95%는 가치관 없이 살아가고 있다. 5%의 사람만이 삶의 목적을 가지고 목적지를 찾아가기 위한 항해 루트와 항해술을 가지고 인생을 살아간다. 환경미화원에서부터 판검사에 이르기까지 모든 인간은 자신의 전문 지식을 가지고 이 세상을 살아간다. 바람직한 인간은 자기 전공 분야의 전문가(Specialist)가 되는 것은 물론이고 두루두루 다른 영역의 지식을 가지는 것(Generalist)이 필요하다. 자신의 전문 지식에만 함몰되면 이웃을 이해하지 못하고 외골수가 되기 쉽다. 그래서 토마스 헉슬리는 "우리는 세상일에 전문가가 될 뿐만 아니라 보편적 지식인이 되어야 한다"라고 말했다. 이 두 가지 외에 인간적인 매력을 지닌 휴머니스트(Humanist)가 된다면 금상첨화가 된다.

인간은 세 가지 유형으로 구분된다. I자형 인간, T자형 인간, 그리고 +자형 인간이 그것이다.

I자형 인간은 자기 직업이나 전공 분야의 지식에 목숨을 건 스페

셜리스트이다. 바둑, 골프, 축구, 학문 분야 전문가 등이 여기에 해당된다.

T자형 인간은 스페셜리스트이면서 제너럴리스트가 된 경우다. 전문가로서의 깊이와 다방면에 걸친 지식을 가진 자가 된다. 나무도 보고 숲도 볼 줄 아는 자가 된다. 이런 자가 되기 위해서 기술자는 경영을 알아야 하고 관리자는 기술을 알아야 한다. 디지털 융합이 도처에서 벌어지고 있고 모든 것의 경계가 허물어지고 있다.

창의성을 키우는 검증된 네 가지 방법이 있다. 수평적 사고, 무작위적 연계, 역발상, 브레인스토밍이 그것이다. 수평적 사고는 이미 파고 있는 구멍을 더 깊이 파는 것이 아니라 새로운 구멍을 파고 들어가는 방법이다. 바로 T자형 인간이 되는 것이다.

T자형 인간상

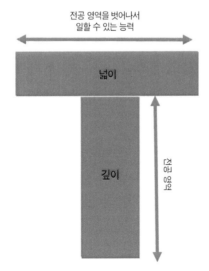

한 분야를 깊게 파고들던 스페셜리스트가 자기 분야를 떠나 전혀 다른 영역의 폭넓은 지식을 습득한다. 스페셜리스트가 제너럴리스트로 바뀌는 순간 불현듯 새로운 연관성이 만들어진다. 이 방법은 창의성을 높이는 중심적인 역할을 한다. 무작위적 연계는 수평적 사고와 비슷한 방법이다. 현재의 문제를 무작위적인 어떤 것과 연관 지으려는 시도다. 유레카의 현상이 나타난다. 이런 인위적인 방식으로 사고를 밀어붙이면 새로운 통찰이 떠오른다. 역발상은 고루하거나 진부한 어떤 제안이나 아이디어를 뒤집어 새로운 발상을 이끌어 내는 방법이다.[23]

브레인스토밍(Brainstorming)은 아이디어를 얻기 위한 회의 방법이다. 브레인스토밍 회의를 할 때 지켜야 할 4가지 규칙이 있다. 첫째, '양이 질을 낳는다'라는 격언을 따라 될 수 있는 대로 다양한 의견을 환영한다. 많은 숫자의 아이디어가 제시될수록 최상의 결론에 도달할 확률이 높아진다. 예를 들어 대학입시에서 경쟁률이 높을수록 커트라인이 높아진다. 둘째, 회의 중에 비판을 하지 않는다. 제시된 아이디어에 대한 비판은 보류하고 계속해서 아이디어를 확장하는 데 초점을 둔다. 비판을 유예하면 참여자들은 자유로운 분위기 속에서 독특한 생각을 제시한다. 셋째, 특이하고 엉뚱한 아이디어를 환영한다. 넷째, 제시된 아이디어를 조합하고 연계시킨다.[24]

T자형 인간에서 한걸음 더 나아가면 +자형 인간이 된다. 전문가로서의 스페셜리스트가 다방면의 지식을 가진 제너럴리스트가 된 후

인격과 교양을 지닌 휴머니스트가 된다면 금상첨화다. +자형 인간은 남의 입장을 헤아릴 줄 알고 기꺼이 협력하는 자로서 고운 심성과 폭넓은 휴먼 네트워크를 가진 사람이다.

十자형 인간상

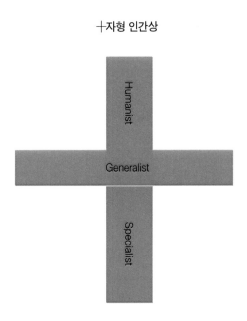

파괴적 창조

인류는 지금부터 5,000년 전에 문자를 발명했고, 500년 전 인쇄술 발명, 50년 전 TV 영상기술 발명, 5년 전 멀티미디어 기술을 발명했다.

수산물 시장의 대형 수조 안에 가재와 오징어가 같이 있었다. 가재가 투석기처럼 일어나 한가로이 떠 있는 오징어에게 달려들자 오징어는 재빠르게 검은 먹물을 뿌리고 달아났다. 그러나 결국 오징어의 움직임을 예측하게 된 가재는 집게로 오징어를 잡고 절단하여 게걸스럽게 먹어치운다. 오징어는 가재를 죽일 무기가 없지만 가재는 오징어를 죽일 수 있는 강력한 무기를 가지고 있다. 이 사건은 삶의 요약판과 같다. 세상은 먹는 자와 먹히는 자, 강한 자와 약한 자의 위계질서를 이루고 있다. 가재가 오징어를 먹어치우듯 인간은 가재를 요리해 식탁에 올린다. 그러나 먹이사슬의 맨 꼭대기에 있는 사람은 결국 다른 사람에 의해 해를 당하게 된다.

우리는 스스로 기존 체계와 관행을 수정하거나 탈피하지 못하면 곧 후발 주자에 의해 추월당하고 도태되는 시대에 살고 있다. 환경 변화에 능동적으로 대응하는 기업만이 살아남는다. 모든 기업은 정글 속의 생명체처럼 움직이지 않으면 다 죽는다. 생명체는 환경 변화에 촉각을 곤두세우고 변화가 감지되면 도망가든, 색깔을 바꾸든, 무슨 짓을 해서라도 살아남으려고 한다. 이는 수억 년 동안 정글에서 지켜져 내려온 자연 법칙이다.

1979년에서 81년 사이 스위스에서 시계공 6만 2천 명 가운데 5만 명이 실업자가 되었다. 스위스로부터 시계 시장의 리더 자리를 넘겨받은 나라는 일본이었다. 일본은 종래의 태엽시계 대신 수정 진동을 이용한 쿼츠(Quartz) 시계를 보급했다. 1967년 일본은 세이코의 쿼츠 시계 특허를 공개했고 전 세계의 쿼츠 전성시대가 열렸다. 반면 스위스가 전 세계를 지배하고 있던 기계식 시계 시대는 종말을 고했다. 심플하고 정확한 쿼츠 시계의 보급으로 기계식 시계의 전성기는 역사의 뒤안길로 사라지게 되었다. 오늘날 세계 최고의 기술을 보유하고 있는 기업은 곧 정상의 자리를 바짝 뒤쫓고 있는 후발 주자에게 넘겨 줄 각오를 해야 한다.

시간 관리

묘지에 누워 있는 사람이 그토록 간절히 바라던 하루를 지금 내가 살아가고 있다는 것을 아는 순간 우리의 인생은 경이로워진다. 생의 마지막을 통과한 사람들의 침묵에 담긴 소리를 음미하다 보면 사소한 하루라도 낭비할 여유가 없음을 알게 된다. 시간은 상대적이고 이중성을 가진다. 기다리는 사람에게는 너무 느리게 가고, 걱정거리가 있는 자에게는 너무 빨리 간다.

개인이나 기업은 항상 해야 할 일들이 쌓여 있다. 그러나 그 일을 처리해야 할 시간은 제약되어 있다. 제한된 시간 안에서 어떤 우선순위로 일을 처리해 나갈 것인가를 결정하는 것은 매우 중요하다. 리더는 정해진 시간을 보다 효율적으로 활용해야 불필요한 일을 줄일 수 있다. 일의 중요성을 종축, 긴급성을 횡축에 두고 매트릭스를 만들면 다음과 같다.

일의 우선순위

	긴급함	긴급하지 않음
중요함	② II사 분면 무슨 일이 있어도 처리함 • 중요한 납기 • 돌발사태 • 중요한 클레임	① I사 분면 중장기적인 기반 구축 • 장기 비전과 전략 수립 • 새로운 시스템의 설계와 구축 • 직원과의 건설적인 커뮤니케이션 • 중요 고객과의 긴밀한 관계 구축
중요하지 않음	③ III사 분면 의무이지만 무가치한 일 • 내부 관리와 절차를 위한 서류 작성 • 정례적인 회의와 보고 • 반복적으로 발생하는 분쟁의 대응	④ IV사 분면 시간 보내기, 스트레스의 발산 • 부하직원에 대한 잔소리 • 중요하지 않은 고객이나 상품의 　사후 지원 • 업무시간의 인터넷 쇼핑 • 사내 소문에 관심을 갖거나 불평하기

　종축에서 위로 갈수록 일의 중요성이 더해지고 아래로 가면 중요성이 떨어진다. 횡축에서 오른쪽으로 가면 긴급성이 낮아지고 왼쪽으로 가면 긴급성이 높아진다. 메트릭스의 우상향 방향이 I사분면이고 시계 반대 방향으로 돌아가며 II, III, IV사분면이 된다. 일이 중요하고 긴급한 일이라면 어느 것보다 먼저 처리해야 한다. II사분면의 일을 가장 먼저 해야 한다. 기업에서 할 일 중 중요한 납기일, 돌발 사태 또는 중요한 클레임 등이 이에 해당된다. 두 번째로 해야 할 일 가운데 I사분면과 III사분면은 종종 우선순위를 뒤바꾸는 경우가 자주 일어난다. 즉, 긴급하다는 이유만으로 정례적인 회의나 반복적인 일에 해당하는 III사분면의 일을 먼저 하고 장기 비전 수립이나

전략 수립과 같은 I사분면의 일을 나중에 하게 되는데 이것은 잘못된 것이다. 긴급하지만 중요하지 않은 일은 주변 동료나 부하에게 위임하여 하도록 하고 긴급하지 않지만 중요한 일을 먼저 하는 것이 바람직하다. 즉, I사분면의 일을 먼저 하고 III사분면의 일을 나중에 해야 한다. 마지막으로 중요하지도 긴급하지도 않은 IV사분면의 일은 당연히 제일 나중으로 미룬다. 먼저 해야 할 순서를 말하자면 ②, ①, ③, ④이다.

진정한
자아가 되자

우리가 절망에 빠지는 이유는 우리 자신을 그대로 인정하고 받아들이지 않아서가 아니라 오히려 우리 자신이 아닌 타인이 되려고 하기 때문이다.[25] 진정 자신이 되고자 하는 의지는 실로 절망을 이기는 힘이 된다. 자신의 내면에 있는 그 무엇이 보통 사람보다 우월하다고 확신하는 사람들만이 위대한 업적을 이룬다. 재능은 기회를 창조한다고 한다. 그러나 때때로 강렬한 욕망은 기회뿐 아니라 재능까지 창조한다.

메멘토 모리(죽음을 기억하라)는 우리는 언젠가 죽을 운명이며, 제한된 시간 속에서 살아가는 존재라는 것이다. 그래서 삶은 한정된 시간 속에서 벌어지는 진검승부의 장이라는 것을 인식할 수 있다.[26] 메멘토 모리를 통하여 자신이라는 존재에 대해 깊이 생각하게 되고 현재의 의미를 새롭게 받아들이며 지금을 충실하게 살아갈 수 있다. 혼자 있어도 전혀 외롭지 않다는 것을 깨닫는 순간 세상이 다르게 보일 것이다. 조용하게 자신을 성찰해 볼 줄 아는 사람은 심오한 통찰력이 있다. 개천이나 강에서 얕은 물은 빠르게 흐르지만 깊은 물은 더 고요하게 흐른다.

삶과 죽음

살아가면서 모든 사람에게 사랑받을 수는 없다. 그보다는 일관성 있게 예측 가능한 행동을 하는 것이 훨씬 더 중요하다. 그래야 존경을 받을 수 있다. 주변 사람들로부터 존경받는 것이 인기를 얻는 것보다 훨씬 더 중요하다. 괄목상대(刮目相對)란 고사성어가 있다. 선비는 헤어진 지 사흘 만에 만나면 눈을 비비고 다시 볼 정도로 학식과 재주가 크게 늘었다는 의미다. 사흘 동안 절차탁마(切磋琢磨)하며 엄청난 지적 성장을 이뤘다면 혼자 있는 시간을 이상적으로 보냈다고 할 수 있다.[27]

숨을 들이쉬고 내쉬는 것은 한 생명의 삶과 죽음으로 이해된다. 숨을 내쉴 때는 가볍게 한 번 죽음을 맞는다고 생각하자. 호흡할 때마다 삶과 죽음을 반복적으로 경험하면서 지금 살아 있는 세상과의 거리감을 느껴 본다. 그러다 보면 삶과 죽음이 별개의 것이 아니라 삶 속에 죽음이 포함되었음을 받아들이게 된다. 우리는 막연히 죽음을 두려워하지만 호흡으로 매번 가벼운 죽음을 연습하면 죽음에 대한 생각도 달라진다. 인생이란 서서히 쇠퇴하여 언젠가 사라진다는 것을 느긋하고 대범하게 받아들여야 한다.[28]

스트레스의 유형과 강도는 나라마다 다르다. 최고 수준의 스트레스를 100으로 보면 한국의 스트레스 강도는 자식 사망(74), 배우자 사망(73), 부모 사망(66), 이혼(63), 형제자매 사망(60), 혼외정사(59)와 같다. 한편 미국은 배우자 사망(100), 이혼(73), 부부 별거(65), 징역(63), 가까운 가족 사망(63)의 순이다. 특이한 점은 한국은 자식 사망이 배우자 사망보다 높고, 미국은 배우자 사망의 스트레스 강도가 가장 높고 자식 사망은 순위에 들지도 않는다는 점이다

괴테는 "자유도 생명도 날마다 싸워서 쟁취하는 자만이 그것을 누릴 자격이 있다"라고 말했다.

괴테의 충실한 조수였던 에커만은 "괴테는 완벽하게 연마된 다이아몬드처럼 커팅 면마다 항상 새로운 단면과 반사광을 발산하는 인물"이라고 말했다.[29]

코비는 "당신이 양심의 소리를 듣고 그에 따라 행동하면 양심에 대한 감수성이 커진다. 양심의 소리를 무시하면 그 감수성은 사라질 것이다"라고 말했다. 세르반테스의 돈키호테는 가는 곳마다 아무도 이해해 주지 않는 상황에서 험한 꼴을 당한다. 현실 세계에 적응하지 못하는 남자의 슬픔은 오늘날의 고독과 통한다. 셰익스피어의 햄릿도 복수를 맹세하면서도 주저하는 자신을 경멸한다. 주저하고 망설이는 기분을 햄릿 같은 마음이라고 한다.

대은은
어시은이다

대은(大隱)은 깊게 은둔하는 것을 말하고 어시은(於市隱)은 시끌벅적한 시장 속에서 세상 사람들과 동고동락하는 것을 의미한다. 가장 확실히 은둔하는 것은 산속에 들어가는 것이 아니라 오히려 사람들 속으로 나오는 것이란 의미이다. 예를 들어 포졸에게 쫓기는 범죄자가 가장 숨기 좋은 곳은 외딴 곳이 아니라 사람들로 시끌벅적한 저 자거리이다. 깊은 진리는 사람들과 부대끼면서 소통함으로써 깨닫게 된다. 병은 창피하다고 숨기는 것이 능사가 아니다. 오히려 많은 사람에게 알리고 다니면 그중에서 치료할 수 있는 비방을 알게 된다.

인지부조화

6·25 당시 미국은 포로가 된 수많은 미군 병사들이 단기간 내 공산주의 사상에 세뇌당하는 사태를 보고 당황했다. 누군가의 사상과 신조, 또는 이데올로기를 바꾸고자 할 때 사용하는 방법은 설득하거나 공포감을 조성하거나 고문을 가하는 것이다.[30] 일제강점기 때 일본이 우리 국민에게 가한 방법은 심한 고문과 공포감 조성이었다. 신사 참배의 예를 보면 종교 지도자까지도 고문과 공포감을 이기지 못하고 종교적 신념을 버리고 신사에 절하게 되었다. 하지만 중국 공산당이 세뇌를 위해 사용한 방법은 전혀 달랐다. 포로가 된 미군에게 '공산주의에도 좋은 점이 있다'는 간단한 메모를 적게 하고, 이에 대한 포상으로 담배나 과자 같은 아주 사소한 것을 주었다. 그런데 놀라운 것은 단지 이것만으로도 미군 포로들은 착착 공산주의자로 돌아섰다는 것이다. 이러한 중국 공산당의 세뇌법은 우리의 상식으로는 이해하기가 어렵다. 대개 사상이나 신조를 바꾸기 위해서는 그 대가가 매우 커야 한다고 생각한다. 괴테의 희곡 『파우스트』에서 파우스트 박사는 악마 메피스토펠레스와 사후 영혼을 지옥으로 데려가겠다는 계약을 맺는다. 영혼을 팔아넘기는 대가로 현세에서 인생

의 모든 쾌락을 누리도록 하겠다는 조건이었다. 그런데 미군 포로 병사들은 시시한 보상으로 점점 공산주의 사상을 옹호하게 되었던 것이다. 이것을 어떻게 설명할 수 있을까?

이는 인지부조화 이론으로 설명할 수 있다. 미군 포로들은 미국이라는 자유민주주의 국가에서 자라났다. 공산주의는 적이라고 생각해 왔고 이를 받아들일 수 없다고 믿어 왔다. 그런데 담배나 과자 같은 시시한 보상을 받고 민주주의 대신 공산주의사상을 일거에 받아들인다면 심리적 압박감에서 벗어나지 못한다. 이 죄책감의 원인은 공산주의는 적이라는 태도와 공산주의를 옹호하는 메모를 적었다는 행동 사이에 발생하는 부조화이므로 이를 해소하려면 어느 한쪽을 변경해야 한다. 담배나 과자를 얻어먹기 위해 공산주의를 옹호하는 메모를 적어 낸 것은 사실이다. 그렇다면 공산주의는 적이라는 태도를 아주 조금 수정하게 된다. '그래 공산주의도 사람 사는 곳이니 몇 가지 좋은 점도 있을 수 있지'라고 자신의 태도를 수정하게 된다. 결국 자신의 태도와 행동 사이에서 발생하는 부조화의 강도를 낮추게 된다.[31] 이러한 일이 반복되면 가랑비에 옷 젖듯이 어느새 공산주의를 받아들이게 된다.

2020년 4월 15일 국회의원을 뽑는 총선에서 문재인 정부는 모든 국민에게 가구당 100만 원의 재난 구호금을 배포하기로 결정했다. 문재인 정부에 대한 실망감은 너무나 크기 때문에 이번 총선에서 더불어민주당 국회의원들을 반드시 낙선시켜야 한다고 마음을 먹고 있다고 하자. 그런데 100만 원을 받게 되었다. 낙선시키겠다는 태도를 바꾸는 대가로 받은 돈은 국가의 장래를 생각하면 너무나 작은 것이다. 태도와 행동 사이에 큰 부조화가 발생했다. 이 간격을 해소하기 위해 어떻게 해야 할 것인가. 100만 원 받은 것은 부인할 수 없는 사실이므로 자신의 행동은 바꿀 수 없다. 그러므로 총선에서 민주당을 찍지 말아야 한다는 태도를 수정하게 된다. 결국 돈을 받고 더불어 민주당을 찍게 된다.

개인의 양심은
아무런 힘이 없다

　나치가 자행한 유대인 대학살, 즉 홀로코스트(Holocaust)는 관료제의 특징인 세분화된 분업 체제 덕에 가능했다. 히틀러 같은 광신적인 지도자가 중추가 되어 깃발을 흔든다고 해서 대규모 학살이 자행되지 않는다. 홀로코스트에 가담한 대부분 독일인은 직접 총을 들고 유대인을 학살하거나 독가스실에 유대인들을 밀어 넣은 자들이 아니었다. 학살 작업은 철저한 분업 체계로 이루어졌다. 유대인 명부 작성, 검거, 구류, 이송 등에 많은 인력이 투입되었기 때문에 시스템 전체의 책임 소재는 애매했고 책임을 전가하기에 아주 수월한 환경이 조성되었다. "저는 명부만 작성했어요", "저는 단지 이송 열차만 운전했을 뿐이에요. 죽이지 않았어요" 등 빠져나갈 구멍은 얼마든지 있었다. 아돌프 아이히만은 구성원들이 유대인들을 잔혹하게 학살하면서도 아무런 양심의 가책을 느끼지 않도록 하는 데 힘을 기울였다. 아이히만의 악마 같은 통찰력에 전율을 느끼게 된다.[32]

　일본은 하와이 진주만을 기습 폭격함으로써 2차 세계대전을 일으켰고 전쟁의 가해자로 낙인찍혔다.

진주만 폭격

2차 세계대전에서 민간인을 포함한 총 사상자는 대략 5천만 명에서 7천만 명으로 집계되고 있다. 미국이 히로시마와 나가사키에 원자폭탄을 떨어뜨리자 일본은 전쟁에서 항복했다. 원자폭탄의 피해를 입은 일본은 전쟁의 가해자에서 피해자로 둔갑했다. 그래서 자신들을 전쟁 피해자라고 여기는 일본 국민들은 전쟁 기간 동안 특히 한국을 비롯한 아시아 국가들에 대해서 끼친 해악에 대해서 양심의 가책을 가지지도, 반성하지도 않게 된다. 위안부 문제나 독도 문제도 이런 맥락에서 볼 수 있다.

승자 독식 사회

사회 어느 분야든 승리한 자가 모든 것을 가져가는 보상 구조는 여러 나라에서 오랫동안 연예계, 스포츠계, 예술계 등에서 나타났다. 승자 독식 시장(The winner's take all)은 부유한 사람과 가난한 사람의 차이를 더욱 벌려 놓았다. 베스트셀러 작가, 월드컵 챔피언, 하버드 졸업생, 대법관, 잡지 표지에 실린 여배우, 프랑스 오픈 테니스 챔피언 등이 승자들의 리스트에 포함된다.

올림픽의 수영, 단거리 달리기, 스키 활강 등 기록경기에서는 수백분의 1초 차이만으로 최고 실력자가 가려진다. 올림픽의 금메달리스트들은 광고 수입으로 수백만 달러를 벌어들이는 반면 은메달리스트는 광고 모델 혜택을 받을 수 없다. 피겨스케이팅에서 올림픽 금메달리스트인 김연아가 국민은행을 비롯하여 패션, 화장품 분야의 광고를 독점하고 있는 것이 그 예이다.

로버트 갤브레이스가 『쿠쿠스 콜링』이라는 탐정 소설을 썼을 때 많은 출판사에서 거절당했다. 한 곳에서 겨우 출판되고 나서 책에 대한 평가가 좋았음에도 불과하고, 고작 1,500권이 팔렸다. 그러다가 로버트 갤브레이스가 사실은 『해리 포터』의 저자 조앤 롤링이라는 사실이 알려졌다. 그 즉시 날개 돋친 듯 팔려나가 금세 아마존 베스트셀러 1위에 올랐다. AP통신은 롤링의 문학적 재능이 이 작품에 녹아 있다고 평가했다. 완벽한 이성적인 세계에서는 있을 수 없는 일이 발생한 것이다. 작품은 작품 그 자체로만 평가되어야 한다. 그러나 현실은 창작물에 인간적인 요소를 가미한다. 『쿠쿠스 콜링』이라는 작품 자체를 평가해야 하지만 작가가 무명인 로버트 갤브레이스라고 하니까 작품성이 평가절하되었다. 나중에 작가가 실제로는 『해리 포터』의 저자 조앤 롤링으로 밝혀지자 똑같은 작품을 놓고 평가가 급상승한 것이다. 이런 일이 일어나서는 안 되는 것 아닌가. 여기서도 승자 독식 현상이 일어나고 있다.

　기업도 예외가 아니다. 최고의 기술을 개발하는 회사가 커다란 금전적 보상을 차지하게 된다. 최고의 위치에 오르기 위해 기술도 심한 경쟁을 해 왔다. 전기 분야에서는 교류 방식과 직류 방식이 경쟁했고, 비디오 분야는 베타 방식과 VHS 방식이 경쟁했다. 원자로의 경우에는 경수 냉각 방식과 가스 냉각 방식, 중수 냉각 방식 등이 경쟁했다. 텔레비전 시장에서는 디지털 기술이 아날로그 기술과 치열하게 경쟁한 결과 고화질 텔레비전이 등장하게 되었다.

뇌를 활성화시키는
걷기

나이는 숫자에 불과하다는 말이 있다. 체중의 2%에 불과한 인간의 뇌가 소모하는 열량의 25%를 사용한다는 연구 결과가 있다. 20대 나이의 젊은이가 하루를 무기력하게 보내는가 하면 70대 노인이 목표와 비전을 가지고 하루를 활기차게 보낸다. 생물학적 나이가 젊음의 척도가 되지 않는다. 뇌 활동이 둔화되면 노화가 촉진된다. 뇌가 젊은 사람이 진정한 젊은이다. 뇌를 젊게 하기 위해서 손쉽게 할 수 있는 방법은 걷기다. 걷는 순간 뇌는 활성화되고 전반적인 긍정 효과를 가져온다. 생각할 수 있는 두뇌가 있고 걸어 다닐 수 있는 두 다리가 있으므로 우리는 원하는 방향 어디든 나아갈 수 있다.

걷는 순간 몸이 느끼는 상쾌함은 우리 뇌가 기쁨을 만끽하고 있다는 증거다. 메르시에는 "준재는 마차를 타고 천재는 걷는다"고 말했다. 인류 역사에 진보의 발자국을 남긴 위인들은 모두 산책을 즐겼다. 18세기 프랑스의 계몽주의 철학자, 루소는 "나의 머리는 발과 함께 움직인다"라고 말했다. 루소는 책상에 앉아서 영감을 얻지 않고 걸으면서 떠오르는 착상을 정리했다. 칸트가 살던 마을 사람들은 하루도 거르지 않는 칸트의 산책 시간에 시계를 맞췄다고 한다. 다윈이 즐겨 걸었던 산책 코스는 지금도 유명 관광지가 되고 있다. 무의식적으로 걸어도 한 걸음을 내디딜 때마다 다리 근육에서 방대한 정보가 뇌세포에 도달한다. 바로 이것이 뇌를 활성화한다.[33]

걷기 시작하면 인간의 뇌는 아이디어를 생산할 준비를 갖춘다. 인류의 조상이 아프리카에서 첫걸음을 내디디고 하루 30여 킬로미터씩 이동하여 전 세계로 퍼져나갔다. 수백만 년 동안 인류는 걷기를 통하여 아이디어를 생산해 왔다. 우리의 잠재의식 속에는 이러한 걷기 프로그램이 내재되어 있다. 여기서 중요한 사실은 어떤 문제도 지속적인 생각의 공격을 이겨내지 못한다는 것이다. 인간은 적과 동물과의 투쟁에서 이기기 위해 각종 무기를 만들었다. 추위와 더위를 막을 수 있는 옷, 불과 바퀴 및 생활도구 등 살아남기 위한 창의적인 생각들을 하나하나씩 고안해 나갔다.

걷기의 놀라운 효과

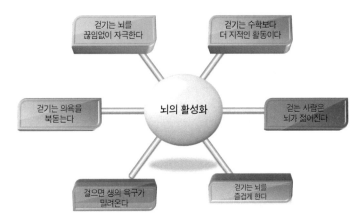

인간의 감정은 뇌에서 분비되는 호르몬에 의해서 지배를 받는다. 그중에서 우리에게 행복감을 가져다주는 네 종류의 호르몬이 있는데 엔도르핀, 세로토닌, 도파민, 옥시토신이 그것이다.

"엔도르핀(Endorphin)은 술을 한 병 마시거나 노래방에서 노래를 부를 때 나오는 물질이라면, 세로토닌(Serotonin)은 술을 한 잔 마시고, 가만히 앉아 있어도 콧노래가 저절로 나올 때 분비되는 물질이다"라고 이시형이 말했다. 엔도르핀은 기쁨을 느끼게 하는 호르몬이고, 세로토닌은 마음의 평안을 가져오는 호르몬이다. 세로토닌 호르몬이 잘 분비되게 하는 방법은 햇빛 쬐기, 산책, 조깅, 근육 이완 운동하기 등이다. 우울증 환자에게는 이 두 호르몬이 나오지 않는다. 우리를 행복하게 해주는 대표적인 호르몬일 뿐 아니라 면역력과도 관련이 많다.

도파민(Dopamine)은 우리가 열심히 일하고 나서 스스로 뿌듯한 마음이 느껴지는 만족감과 관련된 호르몬이다. 도파민은 몰입하게 만드는 호르몬이기도 하다. 도파민이 많이 분비되는 사람들은 열정적이고 새로운 도전을 좋아한다. 일도 더 열심히 하고 의욕적이다. 걷기는 도파민이 분비되기 쉬운 뇌세포 공간을 만들어 주는 일등공신이다. 이것이 정치, 문학, 역사, 철학, 과학, 음악, 미술 등 각 분야의 천재들이 산책을 즐기는 이유가 된다.

옥시토신(Oxytocin)은 최고의 행복감, 내 목숨까지도 바칠 수 있다고 생각할 때, 첫아이를 낳았을 때 분비된다.

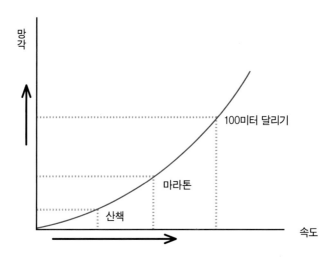

속도와 망각의 관계

속도와 망각은 비례한다. 속도가 빨라질수록 망각의 크기는 커진다. 100미터 달리기는 마라톤에 비해 속도가 빠르다. 그러므로 100미터를 달릴 때는 망각의 정도가 커지고 생각할 여유가 없다. 마라톤의 경우 속도가 느리기 때문에 망각의 정도는 적어지고 달리면서 생각할 수 있다. 즉, 속도가 빠르면 망각으로 이어지고 느리면 사유로 이어진다. 산책은 사유의 보고다. 많은 철학자들이 산책을 즐기는 이유가 걸으면서 사유할 수 있기 때문이다.

리더의
유머 감각

유머는 현실의 문제를 여유를 가지고 바라보는 능력이다. 특히 리더의 유머 감각은 긴장과 갈등을 해소하는 능력이다. 영어를 못하는 일본의 모리 총리는 백악관에서 클린턴 대통령과 회담을 앞두고 영어 교육을 받았다. 일본 외무성 간부는 모리 총리에게 단 두 마디 말만 하면 된다고 했다. 먼저 "How are you?"라고 클린턴에게 인사하면 클린턴이 "I'm fine. Thank you. And you?"라고 답할 것이다. 그러면 "Me too"라고 하면 된다고 가르쳤다. 그 뒤부터는 통역이 있으니 걱정 없다고 안심시켰다. 그러나 모리 총리는 정작 클린턴 대통령을 만나자 "How are you?"를 잊어버리고 "Who are you?"라고 '인사'를 건넸다. 예상 밖의 인사에 잠시 말을 잊은 클린턴 대통령은 유머 기질을 발휘해 "I'm Hillary's husband"라고 대답했다. 그러자 모리 총리는 미리 공부한 대로 "Me too"라고 대답했다.

레이건 전 미국 대통령은 "공산주의자는 마르크스와 레닌의 저서를 읽은 사람이고, 반공주의자는 마르크스와 레닌을 잘 아는 사람입니다"라는 말로 공산주의자와 반공주의자를 구분했다. 75세인 레이건이 자신의 나이가 24세라고 소개했다. "오늘 저는 75세가 되었습니다만 잊지 마세요. 그건 섭씨로 24세입니다." 섭씨 온도와 화씨 온도의 관계를 식으로 표현하면 '섭씨=(화씨-32)/1.8'이다. 따라서 레이건의 화씨 나이 75세를 섭씨 나이로 변환하면 '섭씨 나이=(75-32)/1.8= 약 24세'이다.

에이브러햄 링컨에게 상대편 후보가 "당신은 두 얼굴을 가진 이중인격자!"라고 독설을 퍼부었다. 링컨은 "제가 정말 두 얼굴을 가졌다면 이 유세장에 왜 잘생긴 얼굴을 놔두고 하필 이 못생긴 얼굴을 가지고 나왔겠습니까?"라고 받아 넘겼다. 링컨의 이 말에 유세장에 나온 모든 사람이 파안대소했다. 링컨의 유머는 청중들의 마음을 돌아서게 만들었다.

처칠은 선거 유세를 하면서 한 표를 호소했다. 처칠을 반대하는 사람에게 다가가서 악수를 청하자 "당신에게 표를 주느니 악마 루시퍼를 찍겠다고 비난을 쏟아냈다. 처칠은 태연하게 "당신이 지지하는 분이 이번 선거에 안 나오시면 그때 한 표를 부탁합니다"라고 응수했다. 악마 루시퍼가 선거에 나올 리 만무했다.

서거정은 『필원잡기』에서 세조와 신숙주·구치관의 술자리 일화를 소개하고 있다. 세조는 영의정 신숙주와 새롭게 우의정이 된 구치관을 내전에 마련된 술자리에 불렀다. 세조는 "내 질문에 대답하지 못하는 사람에게는 벌주를 내리겠네"라고 말했다. 곧 "신 정승!" 하고 불렀다. 신숙주가 "네" 하고 대답하자 세조는 "나는 자네를 부르지 않았네. 새로 임명된 신정승(新政丞·구치관)을 불렀네"라고 말하며 웃었다. 세조는 신숙주에게 벌주를 내렸다. 다시 이번에는 "구 정승!" 하고 불렀다. 이번에는 구치관이 "예"라고 답하자 세조는 고개를 내저으면서 "아닐세, 나는 먼저 임명된 구정승 신숙주를 불렀네"라고 했다. 이번에는 구치관이 벌주를 마셨다. 세조가 다시 "구 정승!" 하고 부르자 이번에는 신숙주가 "네" 하고 대답했다. 그러자 세조는 "아니야, 나는 구정승 구치관을 불렀네"라고 했다. 다시 신숙주에게 벌주를 하사했다. 이번에는 세조가 '신정승'과 '구정승'을 교대로 불렀다. 두 정승은 모두 대답하지 않았다. 그러자 세조는 "임금이 불러도 신하가 대답하지 않는 것은 예가 아니니 벌주를 내리겠네"라고 말했다. 이렇게 종일토록 벌주를 마셔 두 정승이 만취하게 되었다.

선조 27년 1594년 가등청정이 사명대사에게 말하길 "조선에 어떤 보물이 있습니까?"라고 물으니 사명대사는 "지금 우리나라에는 당신의 머리가 보배입니다"라고 대답했다. 일제 때 일본 경찰은 이 부분을 문제 삼아 사명대사의 비석을 쓰러뜨리고 정으로 쪼아 버렸다. 그리고 비석을 네 조각낸 뒤 경찰주재소의 디딤돌로 사용했다. 해방이 되고 일제가 물러가자 사명대사의 조각난 비석을 다시 접착해 해인사에 세웠다.

한글의 위대함

세종대왕은 레오나르도 다 빈치에 비견되는 시대의 이단아다. 사대주의와 유교 사상에 깊이 물들어 있던 조선의 상황에서 세종은 중국 문물 체계를 비판하고 이의를 제기했다. 훈민정음 창제는 그 당시 미친 짓에 다름없었다. 1,000년 이상 이어온 언어인 한자가 있는데 훈민정음을 창제한 것은 충격적인 사고방식이다. 한글이 창제되기 전 우리 글자가 없었기 때문에 선조들은 신라시대의 설총이 창안한 이두를 써서 한자의 음과 뜻으로 우리말을 표기해 왔다.

그 당시 말은 생겨나서 소통되는 데 글이 없어서 한자로 말을 썼다. "정말 졸립다, 그렇지?"란 말은 있었는데 이를 표현할 글이 없어서 한자로 표현했다. '正末卒立多九治(정말 졸립다구치)'로 글을 쓰게 되었으니 이를 이두 문자라 했다.

또 다른 예로 '선덕여왕님은'이란 말을 글로 쓰고자 할 때 우리 고유의 글이 없으므로 한자를 음독과 훈독으로 혼합하여 글을 쓰게 되었다. '선덕여왕'은 한자를 그대로 음독하고 '님'은 한자의 임금 주(主)를 훈독으로 사용했다. 그리고 '은'은 한자의 숨길 은(隱) 자를 뜻으로 쓰지 않고 음독으로 사용했다. 그런데 왕이나 상류층 사람들

은 중국의 한자를 배워 문자로 사용했지만 서민들은 한자를 몰라 읽을 수조차 없었다.[34]

이두문자의 원리

세종대왕은 백성들이 글이 없어 이와 같이 사용에 불편을 겪고 있는 것을 측은히 여겨 모음 11자, 자음 17자를 합해 28자를 완성하여 반포했다. 그런데 자음 중 세 글자와 모음 한자 등 4자를 폐기하여 최종 24자의 한글을 창제했다. 한글이 만들어진 후 사람들은 서로 간 활발한 소통을 하고 하루 동안 있었던 일들을 글로 기록할 수 있었다.

한글뿐 아니라 종묘제례에 사용되는 궁중 음악도 중국의 음악을 거부하고 조선의 음악으로 바꿨다. 중국 음악은 고려시대부터 내려온 관례였지만 세종은 조선 사람들에게 맞는 의례악을 만들어 중국의 아악을 대체했다. 그리고 조선의 음악으로 모든 국가 의례를 거행

하도록 했다. 지금까지 종묘제례악은 중요무형문화제 1호이자 유네스코 선정 세계무형유산으로 지정되어 있다.

위대한 리더와
천재적 작가의 만남

세익스피어와 엘리자베스 1세는 17세기 초동시대를 살다간 천재적 작가와 위대한 리더였다. 15세기 말 잉글랜드는 변방의 작은 섬나라에 불과했지만 100년 후 스페인 무적함대를 격퇴시켰고 유럽 최대 도시로 발돋움했다.

헨리 8세는 1547년 삶을 마감했고 신교도인 왕자 에드워드 6세가 왕위를 이었다. 헨리 8세는 자신이 죽은 후 왕위 계승 서열을 에드워드 6세와 메리 1세, 그리고 엘리자베스 1세의 순으로 정했다. 가톨릭 신자였던 메리 1세가 여왕이 된다면 복음주의 정권에 대한 정치 보복이 예상되어 있었다. 보복을 넘어 메리는 잉글랜드의 시곗바늘을 1534년 종교개혁 이전으로 돌리려 했다. 메리 1세는 뛰어난 정치가가 아닌 독실한 가톨릭 신자였다. 메리 1세는 로마식 미사를 부활시키고 처자식을 가진 성직자를 교회에서 추방했다. 37세의 노처녀 메리 1세는 결혼을 서둘렀다. 그렇지 않으면 왕위가 엘리자베스 1세에게 넘어갈 상황이었기 때문이다. 메리 1세는 스페인의 왕위계승자인 펠리페와 결혼했다. 잉글랜드 의회는 여왕과 공동으로 통치권을 행사하려고 하는 펠리페의 염원을 거부하자 펠리페는 잉글랜드를 떠났다. 메리 1세는 300명의 신교도를 화형시키고 '피의 메리'라는 별명을 얻었다. 존 낙스의 기도로 메리 1세는 1558년 죽음을 맞이했다. 엘리자베스 1세가 여왕이 되었다. 헨리 8세와 앤블린 사이에서 태어난 여왕은 능숙한 정치가였다. 위대한 정치 지도자 엘리자베스 1세와 탁월한 비극 극작가 셰익스피어는 동전의 양면과 같다. 두 사람의 공로로 대영제국은 인류역사상 가장 위대한 세계 제국을 향해 나아가기 시작했다. 시대를 초월한 작가와 리더라는 호칭을 얻었다.

발견·발명·혁신

발견(Discovery)·발명(Invention)·혁신(Innovation)은 새로움이라는 요인을 가지고 있다는 점에서 유사하다. 발견은 이미 존재하지만 아직 밝혀지지 않고 무의식에 잠들어 있는 원리나 현상, 물체, 문제 따위를 인간이 인식할 수 있는 범주로 끌어올리는 활동이다. 하지만 발명은 인간의 편의 증진을 위해 특정 이론을 토대로 지금까지 없었던 것을 만들어 내는 창조적 활동을 일컫는다.[35]

발견·발명·혁신의 과정에서 우리가 현재 상용하고 있는 상품들을 살펴보면 다음과 같다.

	발견 (호기심)	발명	혁신
벨크로	등산하다 옷에 붙은 산 우엉 가지에 호기심	갈고리와 올가미 여밈 장치 발명	의류, 가방, 신발, 지갑 및 군복 우주선, 항공기에 사용되는 단추와 지퍼 대체품 시판
질레트	무디어진 면도칼을 숫돌에 갈아서 사용	같은 두께의 두 쇳조각을 갈아서 지지대에 부착함	오래 사용해도 무디어지지 않는 질레트 면도기 탄생
켈로그	환자들이 병원에서 제공받는 빵이 소화가 안 된다고 호소	곡물식품에서 이스트를 빼고 삶은 밀을 롤러에 넣고 박편을 만듦	먹기 쉽고 소화가 잘되는 시리얼 시판
삼다수	제주도는 다공성 지층으로 빗물이 빠져나가 식수가 부족, 용출수의 발견	용출수로 생수 만듦	생수시장 석권
백열전구	전류의 양극 사이에 어떤 물질을 삽입하면 그 물질이 빛을 낼 수 있을까	1만 번 물질 실험 끝에 필라멘트가 그 역할을 한다는 사실 발견	백열전등 발명으로 신천지 이룸
자동차	대중이 탈 수 있는 저렴한 자동차 생산	조립 라인 방식에 의한 양산체제인 포드시스템 확립	포드 T형 자동차 생산으로 대중교통수단 혁신
페니실린	포도상구균이 푸른곰팡이에 의해 죽는다는 사실 우연히 발견	페니실린 발명	페니실린은 제2차 세계대전 중에 상용화에 성공해 수많은 환자의 목숨을 구함

면도기, 자동차 등 우리가 사용하고 있는 편리한 발명품들은 호기심 많은 극소수 사람들이 그 원리를 착안해 낸 후 구체적으로 사용할 수 있는 발명품으로 결실을 보게 되었다. 질레트는 숫돌에 갈아서 사용하던 면도칼이 자주 무디어지는 것을 어떻게 개선할 수 있을

까 고심했다. 유레카! 직관에서 떠오른 아이디어는 여러 겹의 면도날을 지지대에 부착하여 사용하는 것이었다. 드디어 면도날이 무디어짐을 방지할 수 있는 질레트 면도기를 만들어 시판에 성공했다. 혁신은 발명품이 소비자의 호응을 얻어 구매로 연결되는 것을 말한다. 즉, 발명품이 고유한 가치와 교환가치를 가질 때 혁신이 일어났다고 본다. 고유하다는 것은 독특하고 유일한 것을 의미한다. 가치가 있다는 것은 혁신적인 상품이 우리의 삶에 긍정적인 영향을 미쳤다는 뜻이다. 그리고 혁신은 사람들이 기꺼이 구매하고자 하는 욕망, 즉 교환가치를 가져야 한다. 등산하다가 우연히 산우엉가시가 옷에 붙는 것을 보고 갈고리와 올가미를 가진 여밈 장치를 고안했다. 그 결과 오늘날 의류, 가방, 신발 등에 사용되는 지퍼 대체품인 벨크로(Velcro), 즉 찍찍이가 탄생했다. 이런 일련의 과정은 과학 기술의 발전 역사 속에서 끊임없이 되풀이되고 있다.

야구와 인생

살아가면서 무리하게 속도를 높이다 심각한 부작용을 초래하는 경우를 보게 된다. 자동차 사망 사고 원인 1위는 과속으로 나타났다. 속도가 사람의 목숨을 좌우한다. 일을 할 때도 무리하면 병을 얻을 수도 있고 결국 이로 인해 수명이 단축될 수도 있다. 우리의 삶은 타석에서 타구를 기다리는 메이저리그 타자와 다를 바 없다. 투수는 타자로부터 27미터 떨어져 있고 어떤 공을 던질지 모른다. 커브볼일지 속구일지 높은 볼일지 낮은 볼일지 전혀 예측할 수 없다. 타자가 평균 145킬로미터의 속도로 날아오는 공을 어떻게 처리할지에 대한 결정을 내려야 하는 시간은 불과 0.07초이다. 타자가 이 짧은 시간에 내려야 하는 의사결정은 쉬운 것이 아니다. 그런데 노련한 경력을 가진 타자는 공이 투수의 손을 떠나는 순간 갑자기 시간이 천천히 흐르는 신기한 경험을 한다고 말한다. 실제로 0.07초의 시간이 배트를 휘둘러야 할지를 결정하기에 충분한 시간이 된다는 것이다. 이러한 경지에 도달하기 위해서 타자는 서두르지 않고 긴장을 풀고 편안하게 경기에 임한다. 타자는 생각의 속도보다 더 빠르게 반응할 수 있어야 하는데 긴장과 잡념은 이를 방해한다. 투수는 타자가 자신의 공을 예측할 수 없도록 다양한 방식으로 공을 던진다.

야구에서와 마찬가지로 자신의 분야에서 성공한 사람들은 긴장이 감돌고 빠르게 돌아가는 상황에서 자신만의 세계가 천천히 돌아가도록 할 수 있다.[36] 어떻게 이것이 가능할 것인가. 첫째, 우리의 삶은 아직 발굴되지 않은 무한한 에너지와 가능성으로 가득 차 있다. 타자가 투수의 페이스에 맞춰 자신만의 실험실을 만들어가는 것처럼 우리가 해야 할 일은 우리를 산만하게 만드는 장애물을 제거하는 일이다. 둘째, 모든 관심을 자신의 행동에 집중하고 빠르고 적절하게 대응할 수 있도록 깨어 있는 상태가 된다. 셋째, 한 가지 일에 집중하고 다음 일로 넘어가는 훈련을 통해 차례대로 일을 완수하는 능력을 키운다.

노블리스 오블리주

6·25 전쟁 당시 미국은 한국전에 참전했다. 많은 미국의 장성들은 자신의 아들과 함께 전쟁의 포화 가운데 뛰어들었다.

전쟁이 한창일 때 '워커힐 호텔'의 이름으로 남아 있는 월튼 워커 중장이 주한 미 8군 사령관으로 부임해 왔다. 우락부락한 외모 때문에 월튼 워커 사령관의 별명은 '불도그'였다.

1950년 성탄절을 이틀 앞두고 워커 사령관은 미국 정부가 혁혁한 전공을 세운 미 제24사단에게 수여하는 부대 표창을 전하려고 이동하고 있었다. 특히 자신의 아들 샘 워커 대위는 승리의 주역으로서 훈장을 받기로 예정되어 있었다. 그러나 워커 사령관을 태운 지프차가 서울 도봉동에서 한국군 트럭과 충돌하여 워커 사령관이 사망했다. 며칠 전 그는 대장으로 진급이 상신된 상태였다.

UN군 최고 사령관 맥아더 원수는 샘 워커 대위를 불렀다. "귀관에게 고 월튼 워커 대장의 유해를 알링턴 국립묘지에 안장하는 임무를 맡긴다." 워커 대위는 슬픔을 참으며 이렇게 말했다. "저는 일선 보병 중대장입니다. 부하들이 심각한 위험에 노출된 채 싸우고 있습니다. 그 일은 의전부대에 맡겨 주십시오." 그러나 맥아더는 받아들이지 않고 "명령이다"라는 한마디만 남기고 자리를 떴다. 결국 워커 대위는 전쟁터를 떠나 아버지의 유해를 모시고 한국 땅을 떠났다. 군인으로서 뛰어난 기상을 가진 워커 대위는 훗날 대장으로 진급했다. 미군 최초의 부자 대장(父子 大將)이라는 진기록을 남겼다. 차기 육군참모 총장으로 유력하던 대장 재직 중 카터 대통령의 주한미군 철수 입장에 반대하다 예편되었다.

그는 한국전쟁 발발 30주년 특집 방송에 출연했다. "당시엔 명령이라서 어쩔 수 없이 따랐지만 군인이 부하를 남기고 먼저 전장을 떠나왔다는 생각이 지금도 가슴을 무겁게 합니다."

1951년 4월, 밴플리트 중장이 미 8군 사령관으로 부임했다. 그의 아들 짐 밴플리트 중위도 그리스에서 전투기 조종사로 병역 임무를 마친 상태였다. 그는 한국전에 참전할 의무가 없었는데도 아버지를 따라 한국전쟁에 참여했다. 국군과 유엔군은 압록강까지 진군하여 중공군과 치열한 공방전을 벌이고 있었다. 밴플리트 중위는 압록강 주변 지역의 폭격을 위해 출격했다가 소식이 끊기고 실종되었다. 아들이 실종됐다는 소식을 보고받은 밴플리트 사령관은 즉각 지시했다. "짐 밴플리트 중위에 대한 수색 작업을 즉시 중단하라. 적지에서의 수색 작전은 무모하다." 며칠 후 그는 한국전에서 실종된 미군 가족들에게 편지를 보냈다. "모든 부모님들이 저와 같은 심정일 것으로 생각합니다. 우리의 아들들은 나라에 대한 의무와 봉사를 다하고 있습니다. 예수께서 말씀하신 바와 같이 벗(한국)을 위해서 자신의 삶을 내놓는 사람보다 더 위대한 사람은 없습니다." 그는 미 8군 사령관으로서 복무하고 난 후 한미재단과 육군사관학교 설립에 기여했다. 미국으로 돌아가 대장으로 승진하였고 100세의 일기로 세상을 떠났다.

아이젠하워 장군은 노르망디상륙작전을 성공적으로 수행하고 제2차 세계대전의 영웅으로 추앙받았다. 그는 미국 대통령 당선자 신분으로 한국을 방문했다. 밴플리트 사령관이 전선 현황에 대한 브리핑을 마치자 아이젠하워 장군은 뜬금없는 질문을 하였다. "사령관, 내 아들 존 아이젠하워 소령은 지금 어디에 있습니까?" 얼마 안 있어 대통령에 취임할 당선자의 첫 질문치고는 너무나 사적이었다. 모두들 무슨 일이 일어날까 봐 바짝 긴장했다. "존 아이젠하워 소령은 전방 미 3사단 정보처에서 근무하고 있습니다." 밴플리트 장군이 사무적으로 짤막하게 대답했다. 이어진 아이젠하워 장군의 부탁은 참석자 모두를 놀라게 했다. "사령관, 내 아들을 후방 부대로 배치시켜 주시오." 참석자들은 서로 바라보며 자신들의 귀를 의심했다. 밴플리트 장군 역시 아이젠하워 장군을 바라보며 의아한 표정을 지었다. "내 아들 존 아이젠하워 소령이 혹시 전투 중에 전사한다면 슬픈 일이 되겠지만 그것을 가문의 영예로 받아들일 것이오. 그러나 만약 아들이 포로가 된다면 적군은 분명히 미국 대통령의 아들을 가지고 미국과 흥정을 하려 들 것이오. 그러면 국민들은 '대통령의 아들을 구하라라고 외치며 정부에 적군의 요구를 들어주라는 압력을 가할 것이오. 나는 그런 사태를 원치 않소. 그래서 내 아들이 포로가 되지 않도록 즉시 조치해 주실 것을 요청하는 것이오."

장내에는 아이젠하워 장군의 사려 깊은 생각에 탄성이 울려 퍼졌다. 한국전쟁에 참전한 미군 장성의 아들은 142명이었다. 그중 35명이 작전 수행 중 사망했다. 심지어 적군이었던 마오쩌둥 역시 아들이 6·25 전쟁에 참전했다가 사망했다. 아들의 시체를 다른 중공군 전사자들과 똑같이 한반도에 묻었다. 피아를 불문하고 지도자들이 사회에 대한 책임과 의무를 솔선해서 실천하는 모습은 우리나라 지도자들이 본받아야 할 점이다.

망치와 모루
전략

히틀러는 250만 명으로 소련을 침공했다. 전쟁의 명분은 없고 오직 소련에 무진장으로 부존되어 있는 자원에 욕심을 냈다. 히틀러는 우크라이나의 곡창, 코카서스의 유전, 시베리아의 산림, 우랄의 지하자원만 손에 넣으면 세계를 정복할 수 있다는 환상에 빠졌다. 전쟁의 명분이 그릇되면 그 전쟁에서 이길 수 없다는 교훈은 미국의 베트남 전쟁에서도 알 수 있다. 국경을 넘어 소련 영토를 유린했을 때 소련군은 계속 후퇴만 거듭했다. 일사천리로 진격하여 볼가강을 건너 레닌그라드를 눈앞에 두었다. 이때 무기력하던 소련군은 강력하게 저항했다. 툰드라 동토에 겨울이 찾아들자 기온은 영하 40~50도까지 내려갔다. 독일군의 전차, 자동차, 비행기는 움직이지 못했다. 하루 1,000명씩 동상으로 죽어 나갔다. 살인적인 추위는 독일군이 전혀 경험하지 못한 적이었다. 독일 육군참모총장이 히틀러에게 후퇴를 건의하자 일언지하에 거절당했다. 결국 독일군 60만 명이 동사 내지는 아사했고 55만 명이 포로로 잡혔다. 살아 돌아온 병사는 35만 명에 불과했다. 히틀러는 무책임하게 방아쇠를 입에 물고 자살했다.

6·25 때 인천상륙작전은 세계 전쟁사에서 망치와 모루(Hammer& Anvil) 전략의 성공 예로 기술되고 있다.

망치와 모루

성공 확률이 1/5000인 인천상륙작전을 맥아더가 성공시켰다. 인천에 성공적으로 상륙한 유엔군과 한국군은 서울과 춘천을 잇는 방어선을 모루로 삼아 북한군의 보급선을 끊었다. 낙동강 전선에서 강력하게 망치를 휘둘러 혼비백산하는 적을 섬멸했다. 그러나 망치와 모루 전략은 6·25 전쟁보다 훨씬 전에 있었던 독일과 소련의 전쟁에서 살펴볼 수 있다. 소련군이 강추위를 모루삼아 독일군을 섬멸한 전투는 망치와 모루 전략의 성공 사례로 볼 수 있다.

자이가르닉 효과

구소련의 심리학자 자이가르닉(Zeigarnik)은 레스토랑의 종업원의 행동에서 하나의 현상을 발견했다. 종업원은 손님의 주문을 메모하지 않고도 정확하게 기억하고 순서대로 음식을 가져다주었다. 그런데 서빙이 끝나면 그 순서는 까맣게 잊어버리는 것이다. 이러한 현상을 실험을 통하여 증명한 후 하나의 효과를 발표했다. "목표가 달성되지 않은 과제는 완성된 과제보다 훨씬 더 잘 기억된다"라고 밝혔다. 이것을 자이가르닉효과(Zeigarnik Effect)라고 한다.[37] TV 프로그램을 보다 보면 분위기가 한참 무르익을 때 광고가 나온다. 재미있게 보던 프로그램의 맥을 끊어 놓는다. 또한 드라마에서도 극적인 장면에서 궁금증을 고조시켜 놓고 그날 방영을 마친다. 시청자들은 미해결된 내용에 대해서 기대감을 가지고 기억력을 강화시킨다. 사람은 과제를 달성해야 하는 긴장감 속에서 일하다가 과제가 마무리되면 해방감을 느끼고 과제의 내용을 잊어버린다. 즉, 진행형 사건은 기억 공간을 점유하지만 마무리된 사건이나 과제는 뇌의 기억 공간에서 말끔히 지워진다.

후주

1) 반론의 기술, 나이토 요시히토 저, 고재운 역, 바다출판사, 2008, 142-143.

2) https://21ctheageofdiscovery.com/31.

3) 몰입의 즐거움, 미하이 칙센트미하이 저, 이희재 역, 해냄, 2010, pp.44-45.

4) 엘리트 마인드, 스탬 비첨 저, 차백만 역, 비즈페이퍼, 2017, p.29.

5) 하이퍼포커스, 크리스 베일리 저, 소슬기 역, MID, 2019, p.240.

6) 위키백과, 우리 모두의 백과사전.

7) 베끼려면 제대로 베껴라, 이노우에 다쓰히코 저, 김준균 역, SEEDPAPER, 2013, p.17.

8) 베끼려면 제대로 베껴라, 이노우에 다쓰히코 저, 김준균 역, SEEDPAPER, 2013, p.19.

9) 베끼려면 제대로 베껴라, 이노우에 다쓰히코 저, 김준균 역, SEEDPAPER, 2013, p.15.

10) 베끼려면 제대로 베껴라, 이노우에 다쓰히코 저, 김준균 역, SEEDPAPER, 2013, p.20.

11) 원하는 것이 있다면 감정을 흔들어라, 다니엘 사피로·로저 피셔 공저, 이진원 역, 한국경제신문 한경BP, 2013, p.100.

12) 메모의 재발견, 사이토 다카시 저, 김윤경 역, 비즈니스북스, 2017, pp.42-43.

13) 엘리트 마인드, 스탬 비첨 저, 차백만 역, 비즈페이퍼, 2017, p.122.

14) google.kwater.ecatalog.kr.

15) www. jybooks.com 밥 바너작가보기

16) blog.naver.com 삼위일체뇌

17) 위대한 도전자 42인의 문제해결법칙, 크리스토퍼 호에닉 저, 박영수 역, 예문, 2004, p.5.

18) 사피엔스, 유발 하라리 저, 조현욱 역, 김영사, 2017, pp.22-210.

19) 인간이란 무엇인가, 백종현 저, 아카넷, 2018, p.63.

20) http://m.blog.daum.net/arto000175/5853.

21) 헤이코리안(www.heykorean.com)의 음악과좋은글사랑모임.

22) 세상을 변화시킨 리더들의 힘, 무굴 판다·로비 셸 공저, 신문영 역, 럭스미디어, 2006, pp.232-233.

23) 작은 몰입, 로버트 트위거 저, 정미나 역, 더퀘스트, 2018, pp.86-87.

24) 위키백과, 우리 모두의 백과사전.

25) 세계를 뒤흔든 영감, 필립 로건·리처드 로건 공저, 전소영 역, 휘닉스, 2005, p.8.

26) 기대를 현실로 바꾸는 혼자 있는 시간의 힘, 사이토 다카시 저, 장은주 역, 위즈덤하우스, 2015, p.170.

27) 기대를 현실로 바꾸는 혼자 있는 시간의 힘, 사이토 다카시 저, 장은주 역, 위즈덤하우스, 2015, p.50.

28) 기대를 현실로 바꾸는 혼자 있는 시간의 힘, 사이토 다카시 저, 장은주 역, 위즈덤하우스, 2015, p.108.

29) 거인들, 한스 크리스티안 후프 저, 김형민 역, 현문미디어, 2011, p.108.

30) 철학은 어떻게 삶의 무기가 되는가, 야마구치 슈 저, 김윤경 역, 다산초당, 2019, pp.110-111.

31) 철학은 어떻게 삶의 무기가 되는가, 야마구치 슈 저, 김윤경 역, 다산초당, 2019, pp.110-114.

32) 철학은 어떻게 삶의 무기가 되는가, 야마구치 슈 저, 김윤경 역, 다산초당, 2019, pp.115-122.

33) 뇌가 젊어지는 걷기의 힘, 오시마 기요시 저, 황소연 역, 전나무숲, 2016, p.53.

34) 조선일보, 2013년 3월 1일 A26면, 숨어있는 세계사.

35) 위키백과, 우리 모두의 백과사전.

36) 적음의 아름다움, 마크 레셔 저, 조인훈 역, 행간, 2010, pp.218-221.

37) 신의 시간술, 가바사와 시온 저, 정지영 역, 리더스북, 2018, pp.70-71.

참고 문헌

1. 가르치는 힘, 사이토 다카시 저, 강수연 역, 경향비피, 2016

2. 가벼움의 시대, 질 리포베츠키 저, 이재형 역, 문예출판사, 2017

3. 뇌가 젊어지는 걷기의 힘, 오시마 기요시 저, 황소연 역, 전나무숲, 2016

4. 경영이란 무엇인가, 조안 마그레타 저, 권영설 외 역, 김영사, 2004

5. 니미츠, 브레이턴 해리스 저, 김홍래 역, 플래닛미디어, 2012

6. 당신의 무기는 무엇인가, 브라이언 트레이시 저, 최린 역, 와이즈맵, 2018

7. 디자인 유어 라이프, 빌 버넷 외 저, 김정혜 역, 와이즈베리, 2017

8. 레퀴엠, 진중권 저, 휴머니스트, 2003

9. 몰입의 즐거움, 미하이 칙센트미하이 저, 이희재 역, 해냄, 2007

10. 메모의 재발견, 사이토 다카시 저, 김윤경 역, 비즈니스북스, 2017

11. 베끼려면 제대로 베껴라, 이노우에 다쓰히코 저, 김준균 역, SEEDPAPER, 2013

12. 사피엔스, 유발 하라리 저, 조현욱 역, 김영사, 2017

13. 상상력이 경쟁력이다, 앨런 액슬로드 저, 이민주 역, 토네이도, 2008

14. 성공, 목표에 집중하라!, 브라이언 트레이시 저, 김수연 외 역, 나무, 2016

15. 세상을 변화시킨 리더들의 힘, 무굴 판다 외 저, 신문영 역, 럭스미디어, 2006

16. 섹스, 거짓말, 그리고 대통령, 래리 플린트 외 저, 안병억 역, 메디치미디어, 2015

17. 스워브, 닉 러브그로브 저, 이지연 역, 마일스톤, 2018.

18. 승자독식사회, 로버트 프랭크 외 저, 권영경 외 역, 웅진씽크빅, 2008

19. 신의 시간술, 가바사와 시온 저, 정지영 역, 리더스북, 2018

20. 야스쿠니신사의 정치, 일본의전쟁책임자료센터 편, 박환무 역, 동북아역사재단, 2011

21. 엘리트 마인드, 스탠 비첨 저, 차백만 역, 비즈페이퍼, 2017

22. 예술인류학, 나카자와 신이치 저, 김옥희 역, 동아시아, 2009

23. YES를 이끌어내는 협상법, 로저 피셔 외 저, 박영환 외 역, 장락, 2003

24. 59초: 순식간에 원하는 결과를 끌어내는 결정적 행동의 비밀, 리처드 와이즈먼 저, 이충호 역, 웅진씽크빅, 2009

25. 와이저, 캐스 선스타인 외 저, 이시은 역, 위즈덤하우스, 2015

26. 위너스(Winners), 알래스태어 캠벨 저, 정지현 역, 전략시티, 2016

27. 6도의 멸종, 마크 라이너스 저, 이한중 역, 세종서적, 2014

28. 위대한 도전자 42인의 문제해결법칙, 크리스토퍼 호에닉 저, 박영수 역, 예문, 2004

29. 이키가이, 켄 모기 저, 허지은 역, 밝은세상, 2018

30. 인류의 발자국, 앤터니 페나 저, 황보영조 역, 삼천리, 2013

31. 작은 몰입, 로버트 트위거 저, 정미나 역, 길벗, 2018

32. 잡스처럼 꿈꾸고 게이츠처럼 이뤄라, 이장훈 저, 머니플러스, 2010

33. 제4차 산업혁명, 클라우스 슈밥 저, 소여진 역, 메가스터디, 2016

34. 지능이란 무엇인가, 하워드 가드너 저, 김동일 역, 사회평론, 2016

35. 지적 생활의 즐거움, 해머튼 저, 김욱 역, 리수, 2015

36. 창조적 인간의 탄생, 하워드 가드너 저, 문용린 역, 2016

37. 철학은 어떻게 삶의 무기가 되는가, 야마구치 슈 저, 김윤경 역, 다산북스, 2019

38. 책의 민족, 맥스 디몬트 저, 김구원 역, 교양인, 2019

39. 크리에이터 코드, 에이미 윌킨슨 저, 김고명 역, 비즈니스북스, 2015

40. 하나님은 놀라운 일을 하셨도다, 월터 러셀 미트 저, 남경태 역, 김영사, 2009

41. 하버드 디자인 씽킹 수업, 이드리스 무티 저, 현호영 역, 유엑스리뷰, 2019

42. 하버드 집중력 혁명, 에드워드 할로웰 저, 박선령 역, 토네이도, 2015

43. 하이퍼포커스, 크리스 베일리 저, 소슬기 역, MID, 2019

44. 기대를 현실로 바꾸는 혼자 있는 시간의 힘, 사이토 다카시 저, 연준혁 역, 위즈덤하우스, 2015

45. 협상의 신, 최철규, 한국경제신문, 2015